KB148960

단숨에 읽는 이야기철학 4

# 삶의 질문

단숨에 읽는 이야기철학 4
**삶의 질문**

초판 1쇄 인쇄  2017년 08월 23일
초판 1쇄 발행  2017년 08월 28일

지 은 이  류콴홍
옮 긴 이  정세경
펴 낸 이  고정호
펴 낸 곳  베이직북스

주     소  서울시 마포구 양화로 156, 1508호(동교동 LG팰리스)
전     화  02) 2678-0455
팩     스  02) 2678-0454
이 메 일  basicbooks1@hanmail.net
홈페이지  www.basicbooks.co.kr

출판등록  제 2007-000241호
I S B N  979-11-85160-59-7    43100

＊ 가격은 뒤표지에 있습니다.
＊ 잘못된 책이나 파본은 교환하여 드립니다.

人生六問
作者:劉寬紅
Copyright ⓒ 2006 by 貴州人民出版社
All rights reserved.
Korean Translation Copyright 2011 by Basic Books
Korean edition is published by arrangement with 貴州人民出版社
through EntersKorea Co., Ltd, Seoul.

처음
만나는
인문학

뤼디거 자이제베르크 지음 | 정세경 옮김

단숨에 읽는

이야기 철학

4
삶의
질문

베이직북스

# 서문 작은 진흙인형과 KFC

하루하루 몸이 자라는 만큼 우리가 느낄 수 있는 감정들도 하나둘 늘어납니다. 집에서 엄마, 아빠가 하루 종일 우리를 위해주실 때면 행복을 느끼고 학교에서 친구들과 함께 어울려 놀 때는 즐겁지만, 수업시간, 숙제, 시험 등은 우릴 긴장시켜요. 하고 싶은 일은 많은데 모두 할 수 없어서 고통스러울 때도 있어요.

어른들은 언제나 어른들 말만 믿으라고 합니다. 그러나 행여 가까운 이들의 죽음이라도 보게 되면 죽음에 관한 문제를 생각해보게 됩니다.

이처럼 행복, 자유, 고통, 희망, 우정, 죽음 같은 단어들은 우리가 종종 생각하고 말하는 것들이지요. 천진난만한 소년이든 재기발랄한 청년이든 혹은 성숙하고 진중한 중년이든 석양에 접어든 노년이든 모두 이런 단어들로 자신의 느낌과 소망을 표현할 수 있답니다.

나중에 커서 무엇이 될까를 고민하며 우리는 이렇게 말하지요. "제 희망은 과학자입니다." 친구들과 싸웠을 때는 '우정'에 대해 생각합니다. 새로운 학기가 다시 시작되면 시간이 정말 빨리 지나간다고 느끼고요.

공자는 쉬지 않고 흐르는 황하를 바라보며 제자들에게 자못 소리 높여 말했답니다. "흘러가는 것이 이와 같구나. 밤낮을 쉬지 않는구나." 그 순간, 공자는 인생의 고통스러우면서도 짧은 현실을 깨달은 것이지요. 사람들은 종종 인생을 흐르는 강물에 비유한답니다. 때로는 완만하게 때로는 급하게 흐르는 모습이 마치 자극과 활력이 가득한 인생과 닮아서예요.

우리가 이 세상에 온 순간, 모든 사람은 탄생과 죽음, 사랑과 미움, 괴로움과 즐거움, 행복 등과 끊임없이 마주하게 됩니다. 우리가 사는 세상 속에서 선과 악, 고귀함과 비천함, 성공과 실패, 고통과 즐거움은 언제나 그림자처럼 함께 합니다.

살아가면서 겪게 되는 어려움이나 크고 작은 고민은 누구도 피할 수 없는 일이지만 그래도 가끔씩 생기는 유쾌한 일들이 그런 고민들을 잊게 해주지요.

성공하고 싶은 사람에게 가장 필요한 것은 무엇일까요? 그것은 바로 용기가 아닐까요?

어린 시절 우리는 줄곧 어른에게 의존하며 무슨 일만 있으면 어른들의 도움을 청했지요. 주변의 낯선 세계가 두려웠고 눈앞에 맞닥뜨린 험난한 현실을 어떻게 대처해야 하는지 몰랐으니까요. 그러나 평생 부모의 품에 누워 응석만 부릴 수는 없어요. 언젠가는 자신만의 삶을 개척해 나가야겠지요. 용기는 우리 인생의 필수품이랍니다. 이제 들려줄 작은 진흙인형의 강을 건너는 이야기가 많은 가르침을 줄 거예요.

진흙인형들이 모여 사는 작은 나라가 있었어요. 온통 진흙투성이의 보잘것없는 진흙인형 나라 옆을 흐르는 푸른 강물 건너편에는 수풀이 우거진 아름다운 세상이 펼쳐져 있었어요.

어느 날, 하느님이 말씀하셨어요.

"어떤 진흙인형이든 용감하게 저 강을 건넌다면 황금으로 된 심장을 그에게 주겠노라."

하느님이 이처럼 큰 상을 내리신다고 하는데도 진흙인형들의 반응은 시큰둥했어요. 절대로 아무도 강을 건널 수 없다는 것을 잘 알고 있기 때문이었지요. 그런데 한 작은 진흙인형이 불쑥 일어나더니 자신이 시도해보겠다고 소리쳤어요. 많은 진흙인형들이 그를 비웃으며 말했어요.

"진흙인형이 어떻게 강을 건너? 꿈도 꾸지 마라! 물고기 밥이 되거나 머리카락 한 올 남지 않고 녹아 사라져버리는 게 고작이야!"

그러나 결심을 굳힌 작은 진흙인형은 다른 인형들의 말에 신경 쓰지 않았어요. 평생 평범한 진흙인형인 채로는 살고 싶지 않았으니까요. 진흙인형은 반드시 강을 건너 자기 자신을 바꾸겠다며 모험을 선택했지요.

강가에 도착한 작은 진흙인형은 잠시 망설이다가 강

작은 진흙인형은 있는 힘껏 고개를 들어 건너편을 바라보았어요. 그곳에는 아름다운 꽃들이 만발한 넓은 들판이 펼쳐져 있었지요. 그리고 하늘을 맘껏 날아다니는 작은 새들이 보였답니다. 저곳이 바로 하느님이 말씀하시던 천국인가?

물 속으로 한 걸음 들어갔어요. 그 순간, 심장이 끊어질 것 같은 고통이 온몸을 휘감았어요. 발이 금방이라도 녹아내릴 것 같았어요.

"빨리 돌아가! 안 그러면 물속으로 흔적도 없이 사라지고 말거야."

강의 신이 그에게 큰소리로 말했어요. 그러나 작은 진흙인형은 아랑곳하지 않고 발걸음을 옮겼어요. 그리고 그 순간, 작은 진흙인형은 자신에게는 이미 후회할 기회조차 없다는 사실을 깨달았어요. 만약 다시 물가로 돌아간다 해도 평생을 몸이 불편한 진흙인형으로 살아야겠지요. 물속에서 결정을 내리지 못한 채 꾸물거리고 있다면 더 빨리 녹아 없어질 테고요.

작은 진흙인형은 마음을 굳게 다지며 꿋꿋이 강물 속으로 들어갔어요. 그런데 강이 얼마나 넓은지 건너편 물가에 채 닿기도 전에 힘이 바닥날 것만 같았답니다. 작은 진흙인형은 있는 힘껏 고개를 들어 건너편을 바라보았어요. 그곳에는 아름다운 꽃들이 만발한 넓은 들판이 펼쳐져 있었지요. 그리고 하늘을 맘껏 날아다니는 작은 새들이 보였어요. 저곳이 바로 하느님이 말씀하시던 천국인가?

작은 진흙인형은 속도를 내기 위해 있는 힘을 다했어요. 물속에 잠긴 그의 몸은 이미 말랑말랑해져서 휘청거리고 있었고 강물의 물고기들은 호시탐탐 그의 몸을 노리고 있었으니까요.

작은 진흙인형은 몇 번이고 멈춰 서서 쉬고 싶다고 생각했지만, 일단 멈추면 물속으로 사라질 수밖에 없다는 사실을 잘 알고 있었어요.

그는 참고 또 참으며 앞으로 걸어갔어요.

시간이 얼마나 지났을까? 온몸에 힘이 다했다고 느꼈을 때 작은 진흙인형은 자신이 이미 물가에 올라와 있다는 사실을 발견했어요. 작은 진흙인형은 기쁨에 겨워 넓은 풀밭으로 달려갔어요. 그러나 문득 자신의 지저분한 옷 때문에 천국이 더럽혀지지는 않을까 하는 두려운 생각이 들었어요. 자신의 몸을 살피기 위해 고개를 숙인 진흙인형은 깜짝 놀라고 말았어요. 그에게는 반짝이는 황금의 마음 밖에는 아무것도 남아 있지 않았거든요. 작은 진흙인형은 문득 깨달았어요. 이 세상에 힘들이지 않고 거저 얻을 수 있는 일은 없다는 사실을 말이지요.

성공하고 싶다면 누구나 스스로 고생하고 노력해야만 해요. 고난은 스스로 강물을 건너는 일이며, 꿈을 이루고 싶다면, 천국을 갖고 싶다면 무엇보다 강한 의지와 용기가 필요합니다.

인생이란 여행길에서 성공과 실패는 겨우 백지장 한 장 차이라고 해요. 바닷물이 들고나는 것처럼 사람의 인생도 햇빛 비치는 좋은 시절이 있는가 하면 바람 불고 비오는 날도 있게 마련입니다. 또한 인생이란 길 위에는 평탄한 곳보다 험난한 곳이, 똑바로 가는 큰길보다는 이리저리 구부러진 갈림길이 많을 수밖에 없지요. 고통과 기쁨은 함께 하며 좌절과 성공은 엇갈리고 탄생과 죽음은 뒤바뀌는 것이 피할 수 없는 인생의 현실이랍니다.

행복과 자유, 기쁨은 모든 사람의 꿈입니다. 들쑥

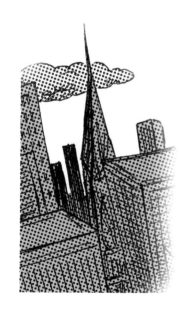

날쑥한 인생의 기복이 우리의 꿈을 가차없이 깨버리기도 하지만, 어쩌면 불행과 고통이 있기에 행복이 더 소중해지는 것일지도 모르지요.

우리 주변의 세계는 늘 불확실한 요소들로 가득 차 있어요. 이런 불확실한 요소들은 우리에게 다양한 선택의 가능성을 열어줍니다. 뭔가를 새롭게 시도해 보거나 모험을 할 수도 있겠지요. 사람들은 자신의 선택에 따라 자신을 바꾸고 세계를 바꿉니다. 다양한 선택과 선택의 순간, 조건들이 낳는 인생의 결과는 천차만별이지요. 세계적으로 유명한 패스트푸드점 KFC의 창업자인 커넬 할랜드 샌더스는 자신의 선택을 통해 자신은 물론 세계를 바꾼 사람입니다.

할랜드의 인생은 줄곧 평탄치 못했어요. 집안이 어려웠던 그는 열네 살 때 학교를 그만두고 일자리를 찾아 떠돌아다녔지요. 농장에서 자질구레한 일을 하거나 전차의 매표원도 해보았지만 자신의 마음에 꼭 차는 일은 아니었답니다. 스스로 철공소를 연 적도 있지만 얼마 못가 문을 닫고 말았지요.

그러던 할랜드는 마침내 철도공사의 기관차 보일러공이라는 비교적 만족스러운 일자리를 찾고 결혼도 하게 되었어요. 그러나 좋은 시절도 잠시뿐, 아내가 임신한 지 얼마 되지 않아 그는 해고를 당했어요. 그리고 그가 일자리를 찾느라 집을 비운 사이에 아내는 얼마 안 되는 재산을 모두 팔아 친정으로 돌아가 버렸어요.

한동안 힘겨운 나날을 보내던 할랜드는 어렵게 한 식당의 주방장으로 취직해 다시 즐거운 인생을 살게 되었어요. 그러나 식당 옆으로 고속도로가 들어오면서 식당은 철거되고 할랜드는 또다시 직장을 잃었

커넬 할랜드 샌더스의 이야기를 통해 우리는 끊임없는 도전으로 마침내 뜻을 이룬 적극적인 인생관을 배울
수 있어요.

지요. 게다가 그는 이제 곧 은퇴할 나이였어요.

그러던 어느 날 우체부가 가져온 한 장의 사회보험 수표를 받아든 할랜드는 비로소 자신도 나이를 먹었다는 사실을 깨닫게 되었고, 이 일을 계기로 할랜드는 더 늦기 전에 창업을 해야겠다는 강한 의지를 불태우게 되었어요. 105달러짜리 수표를 종자돈으로 할랜드는 새 사업을 시작했어요. 그리고 여든여덟 살이 되던 해에 큰 성공을 거두게 되었어요. 아시다시피 오늘날 KFC는 전 세계에서 많은 사람들의 사랑을 받는 패스트푸드점이 되었지요.

커넬 할랜드 샌더스의 이야기를 통해 우리는 끊임없는 도전으로 마침내 뜻을 이룬 적극적인 인생관을 배울 수 있어요. 누구나 이루고 싶은 일이 있고 꼭 성공하고 싶지요. 그러나 그럴 때마다 마주치게 되는 문제들이 있답니다. 삶의 의미는 무엇인가? 나는 무엇을 해야 하나? 나는 무엇을 할 수 있는가? 나의 이상은 어디에 있는가?

세상에 태어났다는 것은 생물학적으로 생명의 탄생이 완성되었다는 사실에 불과해요. 사실 사람은 누구나 한 번은 사회학적 의미의 탄생과정을 거쳐야만 하지요. 자신에 대해 고민하고 인생의 의미를 되새겨 볼 때 사람은 비로소 진정한 인생살이에 들어서는 것입니다.

물론 우리는 매일 주변 사람들의 서로 다른 생활방식과 이상을 엿보게 되지요. 어떤 사람은 하고 싶은 일도 없이 되는대로 하루하루를 살아가요. 어떤 사람은 그것조차 못하고 남에게 의지하려고만 합니다. 또 어떤 사람은 자신의 욕망을 채우기 위해 남을 위협하거나 살인을 저지르는 악행도 마다하지 않습니다. 어떤 사람은 자신이 좋아하는 일을 하며 그 속에서 인생의 의미를 찾아내지요. 어떤 사람은 원대한 이상을 품고 줄곧 세상을 변화시키기 위한 생각을 멈추지 않고요.

인생에는 언제나 끝이 있게 마련이고, 인간의 일생은 지나가는 나그네와 같아요. 인생이란 길을 지나는 동안 사람들은 자연스럽게 자신에게 관심을 갖게 되지요.

그렇다면 우리는 이 짧은 생애를 어떻게 살아야 할까요? 한 번뿐인 인생, 어떻게 하면 의미 있게 보낼 수 있는 걸까요? 대체 어떻게 해야 행복하고 자유롭게 살 수 있을까요? 예부터 수많은 철학자들이 이 문제에 대한 의미 있는 해답을 제시해 왔지요. 물론 그들의 해답 속에는 많은 편견과 오류가 존재합니다. 그러나 각양각색의 다양한 해답들은 이런 진리를 가르쳐주죠.

"인생은 언제나 풍부하고 복잡하며, 인생의 문제는 영원히 그 해답을 찾아야만 한다."

# 행복은 어디에서
# 오는 것일까?

재물을 위해 모든 것을 희생하거나 불의한 재물을 위해 남을 다치게 하는 것은 행복에서 멀어지는 길이에요. 가장 큰 행복은 사회에서 칭송을 받을만한 일을 하거나 어떤 신념을 위해 자신을 내어놓는 고결한 행동에서 비롯된답니다.

'행복'은 우리의 생활 속에서 가장 흔히 사용되는 단어 가운데 하나일 거예요. 비록 이 단어는 매우 추상적이며 만지거나 볼 수도 없지만, 우리는 종종 이 단어를 통해 생활의 느낌을 표현하지요.

꿈에도 그리던 것을 손에 넣었을 때 우리는 행복을 느끼지요. 선생님과 친구들의 칭찬을 받았을 때 우리는 커다란 만족을 느끼지요. 부모님이 늘 내 곁에 계실 때 우리는 안심하게 되지요.

행복이란 생활 속에서 느낄 수 있는 것이므로 사람이 백 명이라면 행복에 대한 백 가지 해답이 나오게 돼요.

어떤 사람에게 행복이란 욕망을 만족시키는 것에 불과하며, 어떤 사람에게 행복은 몸이 아닌 정신에서 나오는 것이죠. 어떤 사람에게 행복은 이 세상을 떠나 천국에 들어가는 것이며, 어떤 사람에게 행복은 더 많은 재산을 갖게 되는 것입니다. 또 어떤 사람에게 행복은 무한한 권력을 의미하며, 어떤 사람에게 행복은 사랑하는 사람과 함께 하는 것이랍니다.

외국의 한 과학자는 30년간 조사하고 연구한 끝에 인간의 행복을 결정짓는 세 가지 조건을 발견했어요.

첫째, 당신이 사랑하는 사람이 있는가? 또한 당신을 사랑하는 사람이 있는가?

둘째, 진심으로 나에게 관심을 갖는 친구가 있는가?

셋째, 진정으로 자신이 하고 싶은 일이 있는가?

이 세 가지 조건 가운데 한 가지 조건만 갖추고 있어도 사람은 행복을 느낄 수 있다고 하네요. 어때요? 이 과학자의 논리가 그럴듯하게 느껴지나요?

먼 옛날부터 오늘에 이르기까지 수많은 신화와 전설, 문학 작품과 철학 이론들은 대부분 인간의 행복에 대해 묘사하며 어떻게 해야 행복해질 수 있는지를 이야기하고 있답니다. 그들의 묘사는 제법 그럴듯해서 사람들의 선택에 큰 영향을 끼치지요. 그러나 사실 행복에 관한 정의가 너무 많다보니 어떤 것을 따라야 할지 헷갈릴 때도 많아요. 때로는 돈이 많아야 행복한 것 같기도 하고, 때로는 사랑이 있어야 행복한 것 같기도 하지요. 또 어떤 때는 건강해야 행복한 것 같고, 어떤 때는 유명해져야 행복한 것 같기도 하고요.

행복은 우리의 삶 속에서 서로 다른 모습으로 나타나며 명확한 한 가지 해답이란 있을 수 없어요. 사는 시대와 생활환경, 문화적 배경, 교육수준 등 저마다의 개성에 따라 행복에 대한 이해는 사람마다 제각각 다르게 마련이니까요.

행복은 삶 속에서 느낄 수 있다고 하지만, 사실 행복은 일종의 가치적 판단이며 역사의 범주 안에 포함되기도 합니다. 오늘날의 사람에게 오늘날의 행복관이 있는 것처럼 옛날 사람에게는 그 시절의 행복관이 있었다는 뜻이지요. 사람들마다 느끼는 행복이 다른 것처럼 각각의 시대와 민족이 느끼고 이해하는 행복도 다를 수밖에 없답니다.

역사가 발전하는 긴 과정 속에서 행복관은 다양하게 형성되었어요. 예를 들어 금욕주의 행복관, 쾌락주의 행복관, 중용주의 행복관, 공리주의 행복관, 애정지상주의 행복관, 권력지향 행복관 등이 있지요. 행복에 대한 이론은 그 종류가 많을 뿐만 아니라 행복에 대한 개념 자체도 무척 복잡하고 추상적이랍니다.

서유럽 근세철학의 전통을 집대성하고 전통적 형이상학을 비판하며

행복이라는 개념은 너무나 모호해서 누구나 행복하게 살고 싶어 하지만,
자신이 추구하는 것이 무엇인지는 정작 아무도 알지 못해요.

비판철학을 탄생시킨 근대 독일의 철학자 칸트(Immanuel Kant, 1724~1804)조차 이렇게 말했어요. "행복이라는 개념은 너무나 모호해서 누구나 행복하게 살고 싶어 하지만, 자신이 추구하는 것이 무엇인지는 정작 아무도 알지 못한다."

그럼에도 우리는 여기서 행복한 생활에 관한 몇몇 주장에 대해 살펴보려고 해요. 행복은 모든 사람들의 꿈이니까요. 예부터 철학자들이 행복을 어떻게 보았으며, 행복에 대해 어떻게 이해하고 느꼈는지를 한번 살펴보기로 해요. 그러나 한 가지 명심해야 할 것은 행복이란 개념은 책 속 지식에 머무는 것이 아니라, 우리의 선택과 경험이 필요한 존재란 사실입니다.

# 소크라테스의
# 행복

소크라테스(Socrates, BC 469경~BC 399, 내면 철학의 시조)는 고대 그리스의 철학자로 인생의 문제에 관심을 가진 고대 철학의 대가입니다.

"너 자신을 알라."

"그대의 영혼을 돌보라."

이 두 문장은 우리가 종종 접하는 명언으로 남아 있지요. 소크라테스는 이 명언을 통해 사람들이 항상 자신의 인생을 생각하며 끊임없이 자신의 생활을 반성하길 바랐답니다.

하루는 소크라테스가 제자들을 데리고 신비한 창고를 찾았어요. 이 창고 안에는 형형색색으로 빛나는 보물들이 가득했지요. 그런데 이 보물들을 가만히 보니 각각의 보물 위에 이런 글자들이 또렷이 새겨져 있는 게 아닙니까? 교만, 질투, 고통, 탐욕, 고민, 겸손, 정직, 기쁨……

이 보물들은 눈이 부시도록 아름답고 매력적인 것들이었어요. 눈이 휘둥그레진 소크라테스의 제자들은 반짝이는 보물들을 욕심껏 주머니마다 가득 주워 담았답니다.

그러나 아쉬움을 뒤로 하고 집으로 돌아가는 길에 이상하게도 보물을 가득 채운 주머니가 점점 무거워지는 것을 느꼈어요. 얼마 가지 못해 제자들은 숨을 헐떡이며 발걸음이 느려지더니 마침내 한 발자국도 뗄 수 없게 되었어요. 소크라테스는 제자들을 바라보며 말했어요.

"여러분, 가지고 있는 보물들을 조금씩 버립시다. 아직 갈 길이 멀지 않소?"

제자들은 할 수 없이 '교만'을 버리고 '질투'를 버렸으며 '탐욕'을 버렸어요. 주머니는 한결 가벼워졌지만 여전히 그 안에는 많은 보물들이 가득했고 움직이기 힘들기는 마찬가지였답니다.

"여러분!" 소크라테스가 다시 한 번 의미심장하게 충고했어요.

"다시 한 번 주머니를 뒤집어서 더 버릴 것들이 있나 살펴보시오."

결국 제자들은 가장 무거운 '명예'와 '이익'을 버렸어요. 그러자 주머니 속에는 '겸손'과 '정직', '선량', '정의' 같은 것들만 남게 되었어요. 그제야 제자들은 말할 수 없는 가벼움과 기쁨을 느꼈죠. 마치 몸에 날개라도 돋은 것처럼 말이에요. 소크라테스는 긴 숨을 내쉬며 말했어요. "아! 드디어 자네들이 포기를 배우고 행복을 얻었구면."

이 이야기를 통해 우리는 소크라테스의 행복관에 대해 알 수 있어요. 사람이 무엇이 정직이고 선량함인지 알게 되면 자신만의 '덕성(德性)'을 형성하게 되고, 이를 통해 행복을 얻게 되는 것이지요. 덕성이란

소크라테스가 말했어요. "아! 드디어 자네들이 포기를 배우고 행복을 얻었구먼."

단어는 고대 그리스어에서 '힘이 있는, 남자다운' 등의 뜻을 의미하며 한 사람의 지혜와 품격을 가리키는 말이었어요.

소크라테스는 '덕성'을 갖춘 사람이야말로 돈과 같은 물질이나 이익의 영향에서 벗어난 사람이라고 보았답니다. 덕성은 사람이 가진 이성적 경향을 드러낼 뿐만 아니라 사람이 가진 이상의 완벽한 생활을 가리키지요. 덕성은 일종의 지식으로 사람이 하는 행동의 근거가 됩니다. 다시 말해 소크라테스는 지식을 통해서만 행복을 얻을 수 있다고 보았답니다.

"너 자신을 알라." 소크라테스는 이 명제에서 출발해 사람이 자신의 본성을 알면 자신의 어리석음과 환란을 몰아내고 행복을 얻을 수 있다고 주장했어요. 이를테면 누군가 '선(善)'에 대한 지식을 알게 되면 그 행동도 선한 것을 따르게 된다는 말이죠. 또한 누군가 행복에 대한 지식을 얻게 되면 무엇을 추구해야 할지 무엇을 추구하지 말아야 할지 알게 되기 때문에 맹목적인 추구를 막을 수 있습니다.

소크라테스에 의하면 행복에 대한 지식이 많을수록 얻을 수 있는 행복도 풍성해집니다. 지식과 행복은 정비례하기에 보다 많은 지식과 진리를 깨달을수록 더욱 행복해지는 것이지요.

소크라테스는 지식과 사고(思考)를 최우선으로 하는 사람으로, 자기가 이야기한 그대로 살았어요. 기록에 따르면 소크라테스는 돈 버는 방법을 연구하기보다는 하루 종일 사람들을 찾아다니며 정의의 문제에 대해 논쟁하길 좋아했다지요. 그는 본래 물질에 대한 추구를 반대하는 사람으로, 사람이 진정한 행복을 얻으려면 물질적인 욕망과 생활 속의 탐욕, 명예와 이익 등을 극복해야 한다고 주장했답니다.

먹고 마시는 것에 집착하면 식욕의 노예가 되고, 재물의 욕심을 버리지 못하면 재물의 노예가 되며, 권력에 대한 욕망에 매달리면 권력의 노예가 되는 것이죠. 사실 식욕과 재물, 권력의 욕망이 만족되면 사람은 꽤나 즐거워집니다. 그러나 이런 욕망은 종종 사람의 몸과 마음을 옭아매 하루 종일 사람을 불안하게 만들지요.

"생각이 없는 인생은 가치가 없는 인생이다." 소크라테스는 사람이라면 늘 생각하고 문제를 제시하며 생활을 비판해야만 몸도 마음도 모두 건강한 행복을 얻을 수 있다고 주장했어요. 소크라테스의 이런 행복관은 인간의 물질적 필요를 얕잡아 보는 경향이 있으며 일종의 금욕주의적인 성향이 짙어요.

특히 고대의 금욕주의는 사람이 지닌 여러 욕망에 대한 반감과 두려움을 담고 있었답니다. 덕분에 그들의 금욕주의는 어느 정도 종교적 색채를 띨 수밖에 없었어요. 훗날 고대 그리스에 나타난 키니코스학파(Cynics)와 스토아학파(Stoicism), 특히 중세기의 종교적 금욕주의가 이런 영향의 증거라고 할 수 있어요.

키니코스학파는 소크라테스의 제자 안티스테네스가 창설한 학파로 정신적이고 육체적인 단련을 중요시했으며, 쾌락을 멀리하고 단순하고 간소한 생활을 추구했어요. 그리고 스토아학파는 키프로스의 제논이 스토아 포이킬레에 창설한 철학의 한 유파로 역시 엄격한 도덕주의를 강조했답니다.

금욕주의적 행복관은 사실 전통 서양문화 속에서 상당한 비중을 차지해요. 이런 개념은 종종 사람의 정신적 본성에서 출발해 사람과 동물의 근본적인 차이를 강조하는 데 활용되며 물질적 욕망의 유혹에서 벗어나는 데 효과적이지요.

고대 그리스의 수학자이며 철학자인 피타고라스(Pythagoras, BC 582경~BC 497경)는 영혼의 윤회설(輪回說)을 주장하며 특히 마음을 비우고 욕심을 덜어낼 것을 강조했어요. 그는 사람들이 깊은 사색을 통해 물질적 욕망에서 벗어나 정신적 평온을 얻길 바랐답니다.

고대 그리스의 철학자이자 형이상학의 수립자이며 서양철학의 상징인 플라톤(Plato, BC 428경~BC 348경)은 자신의 스승인 소크라테스의 행복관을 최대한 활용했어요. 그는 정신의 철학자로 사람의 육체를 하찮게 여겼지요. 육체는 사람이나 동물 모두 갖고 있는 것이니까요. 대신 그는 사람의 정신을 찬양하며 영원한 영혼을 찬미했지요. 플라톤이 생각하는 사람의 진정한 본질은 영혼으로 구성되어 있답니다. 영혼은 영원한 것이기에 인성(人性) 역시 영원하지요. 영혼이 육체를 떠나 이념의 세계로 돌아올 때 인간은 비로소 진정한 기쁨을 누리게 됩니다. 그러므로 인생의 사명은 육체의 속박에서 벗어나는 데 있고, 행복을 누리고 싶다면 반드시 정욕을 억제할 줄 알아야 해요.

그리스도교 신학이 중세기를 통일했을 당시 서양의 금욕주의적 행복관은 극한에 이르렀어요. 인류의 조상인 아담과 하와는 '원죄(原罪)'를 범했고, 그들의 후손들은 속죄를 하기 위해 세상의 고난을 인내할 수밖에 없

었어요. 인류의 행복은 이 땅에 있지 않고 천국에 있었답니다. 그리스도교 신학자 아우구스티누스(Aurelius Augustinus, 354~430. 초대 그리스도교 교회가 낳은 위대한 철학자이자 사상가)는 물질적 탐닉은 세속적인 행복에 불과하며 그 행복도 잠깐뿐이라고 말했어요. 이 세상 물질을 탐하는 사람은 죽어서 지옥에 가기 때문에 행복은 하느님에 대한 완벽한 복종과 진실한 신앙이 있어야 가능해요.

고대 그리스의 철학자 피타고라스는 영혼의 윤회설을 주장하며 특히 마음을 비우고 욕심을 덜어낼 것을 강조했어요. 그는 사람들이 깊은 사색을 통해 물질적 욕망에서 벗어나 정신적 평온을 얻길 바랐답니다.

위에서 소개한 몇몇 철학자들과 신학자들의 인생에 대한 주장이 단순히 말하는 것으로만 그쳤다면 다음에 소개할 솔론(Solon, BC 640경~BC 560경)은 자신의 언행을 고대인들의 생각에 반영시킨 인물이랍니다. 솔론은 아테네의 정치가이자 시인으로 집정관 겸 조정자로 선정되어 정권을 위임받은 후, '솔론의 개혁'이라 일컫는 여러 개혁을 단행했어요.

솔론이 리디아를 여행할 때의 일이었어요.

소아시아 연안의 그리스 여러 도시를 정복했던 리디아의 마지막 왕 크로이소스(Kroisos, 미상~BC 546경)는 솔론이 자신을 세상에서 가장 권세 있고 행복한 사람이라 찬양해주길 바라며 온갖 진주와 보석으로 온몸을 치장한 채 그를 반갑게 맞이했어요. 또한 신하에게 솔론을 데리고 가 자신의 보물창고를 보여주라고 명령했지요. 왕은 그 안에 있는 엄청난 보물을 모두 보여주며 솔론에게 물었어요.

"아테네에서 오신 손님, 한 가지 가르침을 구하고 싶소만, 당신이 여태껏 본 사람 가운데 누가 가장 행복한 사람이오?"

솔론이 대답했어요.

"제가 본 가장 행복한 사람은 아테네의 시민 텔로스입니다."

그의 말에 놀란 왕은 황급히 그 이유를 물었고 솔론은 이렇게 대답했어요.

"텔로스는 번영하고 안정된 나라에 살고 있으며 훌륭한 자식을 키워냈지요. 평생 안락한 생활을 누린데다 영광스러운 죽음을 맞았습니다. 그는 아테네가 이웃나라 엘레우시스와 전쟁을 할 때 나라를 구하기 위해 적진으로 나아가 용감하게 죽었답니다."

크로이소스 왕은 다시 솔론에게 물었어요.

"그럼 텔로스 외에 가장 행복한 사람은 누구인가?"

솔론은 이렇게 대답했지요.

"클레오비스와 비톤 형제일 것입니다. 두 형

제는 아르고스 출신으로 체력이 뛰어나 체육을 잘했습니다. 무엇보다 그들은 어머니에 대한 효심이 깊었답니다. 한번은 어머니를 모시고 성대한 제전에 참여하게 됐는데 마침 마차를 끌 소가 없었다고 합니다. 두 형제는 자신들의 어깨에 안장을 메고 어머니를 마차로 모셨죠. 그러나 체력이 바닥 난 두 사람은 목적지에 도착하자마자 쓰러지더니 세상을 떠나고 말았답니다. 아르고스 사람들은 두 형제의 뛰어난 인품을 기리어 델포이 신전에 두 사람의 조각상을 세웠습니다. 또한 그들의 어머니는 헤라 여신에게 인간이 누릴 수 있는 최고의 행복을 그들에게 내려 달라고 부탁했다고 합니다.”

이 말을 들은 크로이소스 왕은 화가 나서 외쳤어요.

“아테네에서 오신 손님이여, 자네는 어찌하여 내가 가진 행복 따위는 안중에도 없는가? 자네가 보기에는 내가 보통 서민보다도 못하단 말인가?”

솔론이 대답했어요.

“크로이소스 왕이여, 이 세상의 일은 어떤 것도 함부로 예측할 수 없사옵니다. 왕에 대해서라면 왕이 행복한 죽음을 맞았다는 소식을 들은 후에야 분명한 해답을 드릴 수 있겠습니다.”

훗날 크로이소스 왕은 페르시아와의 전쟁에서 포로가 되었고 온몸에 족쇄가 채워진 채로 활활 타오르는 불 위에서 죽게 되었답니다. 죽음을 바로 코앞에 둔 순간, 부유함과 행복은 시작과 끝이 한결같아야 한다고 했던 솔론의 말을 떠올린 크로이소스는 자신도 모르게 크게 외쳤어요. “솔론!”

그의 외침을 듣고 놀란 페르시아 왕은 어찌된 연유인지 물었고, 크

죽음을 바로 코앞에 둔 순간, 부유함과 행복은 시작과 끝이 한결같아야 한다고 했던 솔론의 말을 떠올린 크로이소스는 자신도 모르게 외쳤어요. "솔론!"

로이소스 왕은 솔론의 이야기를 들려주었답니다.

이야기를 듣고 인생의 무상함을 깨달은 페르시아 왕은 크로이소스 왕을 풀어주었어요. 솔론의 행복관이 한 국왕의 목숨을 살렸고, 또 다른 왕을 가르친 것이지요. 이 이야기는 훗날 많은 사람들에게 전해졌고 '목숨을 구한 행복론' 이라 불리게 되었답니다.

솔론은 돈과 권력이 있다고 해서 가장 행복한 사람일 수는 없다고 믿었어요. 많은 재물과 권력은 무절제한 탐닉으로 사람을 다치게 하거나 망하게 할 수도 있으니까요. 세상에 변하지 않는 것은 없어요. 행복은 한 과정일 뿐 지금 부유하다고 미래에도 부유하다거나, 지금 행복하다고 미래에도 행복하다는 보장은 없답니다.

물론 솔론이 재물을 완전히 부인한 것은 아닙니다. 다만 재물을 위해 모든 것을 희생하거나 불의한 재물을 위해 남을 다치게 하는 것은 행복에서 멀어지는 길이라고 본 것이지요. 가장 큰 행복은 사회에서 칭송을 받을만한 일을 하거나 어떤 신념을 위해 자신을 내어놓는 고결한 행동에서 비롯된답니다.

# 에픽테토스의 관용

고대 그리스의 스토아 학파는 수련의 철학을 강조했어요. 스토아 학파의 창시자인 제논(Zenon of Elea, BC 495경~BC 430경)은 자연에 동화된 생활방식을 주장했으며, 스스로에게 무엇을 강요하거나 자연을 위배하지 않고 몸 밖의 것에 연연하지 않았답니다. 행복한 생활이란 바로 자연의 본성에 일치되는 생활이었지요.

자연은 숭고하고 아름다운 존재이기에 자연에 순응하는 것은 인생의 확실한 이상이었어요. 절제와 인내, 관용만 있다면 우리는 삶의 모든 고민을 해결할 수 있다는 것이지요.

스토아 학파의 대표적인 인물인 에픽테토스(Epictetus, 55경~135경)와 마르쿠스 아우렐리우스(Marcus Aurelius Antoninus, 121~180)는 그들의 삶을 통해 자연주의적 행복관을 구현해냈어요. 자신의 철학을 행동으로 보여준다는 것은 굉장히 어려운 일이지요.

그만 때리시라고 말씀드리지 않았습니까? 제 다리는 이미 부러졌습니다.

에픽테토스는 소아시아에서 노예로 출생하였으며 고문을 받아 절름발이가 되었어요. 그는 이때 스토아 철학을 배웠고 노예에서 해방되자 젊은이들에게 철학을 가르쳤어요.

에픽테토스는 어릴 때부터 인내심이 강한 사람이었다고 해요. 한번은 에픽테토스 때문에 화가 난 주인이 그를 때리기 시작했습니다. 주인은 금방이라도 그의 다리를 부러뜨릴 기세였지요.

그러나 에픽테토스는 신음소리조차 내지 않고 고통을 참으며 주인을 향해 평온하게 말했어요.

"조금만 더 세게 때리시면 제 다리가 부러질 것 같습니다."

그러나 주인은 매질을 멈추지 않았고 더 세게 힘을 주어 때렸답니다. 그리고 "우두둑~!" 소리와 함께 에픽테토스의 다리가 부러지자 에픽테토스가 담담하게 말했습니다.

"그만 때리라고 말씀드리지 않았습니까? 제 다리는 이미 부러졌습니다."

이 일화는 스토아 학파의 제자들에게 귀감이 되는 이야기로 널리 전파되었어요. 사람은 인내를 통해 평온과 행복을 얻을 수 있다는 스토아 학파의 주장이 이 이야

나에게 잘못했던 이들을 모두 용서하노라. 그들은 한때 우정을 깼지만, 여전히 나의 친구들이다.

기 속에 그대로 드러나 있었기 때문이지요.

또 다른 스토아 학파의 대표적 인물인 마르쿠스 아우렐리우스는 로마제국의 제16대 황제(재위 161~180)로 5현제의 마지막 황제이며 후기 스토아 학파의 철학자였어요. 그는 20년의 재위 기간 동안 곳곳을 떠돌며 전쟁을 치루는 와중에도 나라의 큰일을 손에서 놓지 않았어요. 또한 한 번도 철학적 사고를 포기하지 않았답니다. 그리고 긴 통치 기간 동안 《명상록》이란 철학저서를 남겼지요. 이 책은 출판이 목적이 아니라 스스로 읽기 위해 쓴 책이었기 때문에 내용이 진실하고 감동적이며 인생의 지혜로 가득하답니다.

책 속에는 영혼의 평온과 안정에 큰 관심을 기울이는 아우렐리우스의 자연주의적 행복관이 잘 드러나 있어요. 또한 왕이자 인생의 포부를 가진 한 사람으로서 그가 지닌 영웅적 면모가 잘 나타나 있답니다. 그는 넓은 마음을 가진 사람으로 자신의 생활 속에서도 종종 이런 모습을 보여줬어요.

한번은 군인들이 반란을 일으켜 목숨을 잃을 위기에 놓였지만 재빨리 대응하여 반란을 진압했어요. 그러나 아우렐리우스는 자신에게 칼끝을 겨눈 무리들을 처형하지 않고 오히려 그들을 감옥에서 풀어주었고 재산도 돌려주었답니다. 그는 행동으로 자신의 뜻을 보여주겠다고 약속했어요.

"나에게 잘못했던 이들을 모두 용서하노라. 그들은 한때 우정을 깼지만, 여전히 나의 친구들이다."

반역죄로 처형당
할 위기에 처해 있던
사람들이 황제로부
터 이런 말을 들었을
때 어떤 기분이 들었
을까요? 이렇듯 너
그러운 마음과 용서
하는 마음은 행복을
가져다줍니다.

고대 철학자들은
세상의 모든 만물은
신의 자식이며 사람
들은 신의 후손이라고 믿었어요. 그러므로 사람들은 서로 사랑으로 대
해야 하고, 덕을 악으로 갚거나 악을 악으로 갚아서는 안 되며 모든 것
을 용서해야 된다고 생각했지요. 사실 자신에게 못되게 굴었거나 나쁜
짓을 한 사람을 용서한다는 것은 보통 사람들에게는 거의 불가능하다
할 정도로 어려운 일이지요. 하지만 세상의 모든 위대한 철학자들이 누
누이 강조하는 것처럼 용서는 모든 미움을 몰아내고 자신과 다른 사람
모두 행복해질 수 있는 길이니까요.

아우렐리우스는 사람들에게 다음과 같은 당부를 남겼어요.

"아침에 일어나 자신에게 말하라. 오늘 내가 남의 일에 참견하는 사
람을 만나든 은혜를 모르는 사람을 만나든 또한 오만한 사람이나 남을
속이는 사람, 질투하는 사람이나 남들과 어울리지 못하는 사람을 만난

다 해도 그들을 미워하지 말자. 그들이 그런 것은 무엇이 선이고 무엇이 악인지 모르기 때문이다. 우리는 서로 힘을 합쳐야 살 수 있는 사람들이기에 적을 만드는 것은 우리의 본성을 거스르는 것이다.”

스토아 학파는 근심을 다스리는 방법을 찾기 위해 노력한 결과, 억제하고 인내하며 용서하는 것이야말로 가장 좋은 방법임을 발견했답니다. 사람은 반드시 자연의 본성에 따라 지나친 정욕을 억제하여 평온한 마음과 자연의 변화에 순응하면서 인위적으로 하지 않는 무위(無爲)에 이르러야 진정한 행복을 찾게 됩니다.

“가장 높은 수준의 행복은 아무것에도 동요하지 않는 정신에 있다.”

이 말은 외부의 어떤 유혹에도 흔들리지 않을 때 지나친 근심을 덜 수 있다는 뜻이랍니다. 스토아 학파는 자연에 따라 생활하는 것이 도덕에 따라 생활하는 것이라고 주장합니다. 자연이 우리를 도덕으로 이끌기 때문이지요. 다시 말해 자연과 도덕, 행복은 하나이며 자연에 순응하는 생활이야말로 도덕적인 생활이자 행복한 생활입니다.

# 스피노자의
# 이성

평범한 체격에 수려한 외모, 조금 검은 피부에 곱슬곱슬한 까만 머리, 짙고 까만 눈썹을 가진 그는 누가 봐도 포르투갈계 유태인이 분명했어요. 그는 언제나 하층민보다도 못한 남루한 옷을 걸쳤고, 그를 찾아온 정부관리가 특별히 보내주겠다는 새 옷도 거절했어요. 아름다운 옷이 사람을 더 똑똑하거나 고귀하게 만들지 않으니까요. 우리 주변에서도 겉은 화려하지만 정작 속은 부실한 경우를 흔히 보는 것처럼요.

그는 물질이나 재물에 마음에 두지 않고 검소한 생활을 즐겼어요. 재산이란 것을 모아본 적도 없고, 누가 물려주는 유산을 받고 싶어 하지도 않았고요.

아버지가 돌아가신 뒤 그의 누나는 그의 상속권을 빼앗아가려 했고 두 사람은 결국 법원에서 만나게 되었어요. 재판에서 이긴 뒤 그는 아버지의 유산을 모두 누나에게 보내주었어요. 그가 굳이 법정까지 갔던 것은 돈이 아닌 정의를 위해서였어요. 한번은 네덜란드의 어느 부호가 그에게 엄청난 거금을 보냈어요. 자식이 없었던 부호는 죽음을 앞두고 자신의 모든 재산을 그에게 물려주고자 했지만, 그는 액수가 너무 많다며 거절했답니다.

스물네 살 때 이미 사상의 자유를 주장했던 그는 영혼불멸이라든지 하느님과 천사의 존재를 의심해 교회의 분노를 샀어요. 결국 그는 유태교의 명령에 따라 교적을 잃고 그의 책은 금서가 되었어요. 뿐만 아니라 누구든 그를 만나는 것조차 금지됐죠. 결국 그는 고향을 떠나 헤이그로 옮겨 렌즈 깎는 일로 생계를 유지했어요. 렌즈를 깎는 일 말고는 책을 읽거나 쓰는 것이 그에게는 하루일과의 전부였답니다. 그는 언젠가 친구에게 이렇게 말했어요.

"장례를 치를 돈 외에는 더 필요한 돈이 없다네."

순탄치 못한 삶을 살았던 그는 마흔다섯 살의 젊은 나이에 세상을 떠났어요. 그가 바로 근대 네덜란드의 철학자 스피노자(Baruch de Spinoza, 1632~1677)랍니다.

영국의 한 철학자는 스피노자를 이렇게 평가했어요.

"스피노자는 위대한 철학자들 가운데 가장 고매하며 성품이 온화하

이성과 지혜는 사람됨의 근본으로 이성과 지혜를 떠나서는 행복할 수 없어요.

고 친절한 사람이다. 재능이라면 그를 뛰어넘을 사람이 있겠지만 도덕적인 면에 있어서는 그를 뛰어넘을 사람이 없다."

그런 평가처럼 스피노자는 훌륭한 품성으로 많은 사람들의 존경과 존중을 한몸에 받았답니다. 정신적인 자질만으로 따진다면 스피노자는 근대의 소크라테스였지요. 그는 일생을 통틀어 그 어떤 추악한 오점도 남기지 않았고, 사람들은 그가 지닌 선량한 성품만 기억했어요.

스피노자는 평생 가난과 싸우며 순탄치 못한 인생을 살았지만 그 생각만큼은 무척 풍성했답니다. 그가 믿는 행복은 재물에 좌우되는 것이 아니었습니다. 또한 그는 행복에 대한 독특한 이해를 바탕으로 자신의 굳건한 신념대로 살았답니다. 그의 철학이 바로 그의 인간성이었으며, 그의 인간성이 바로 그의 철학이었지요.

스피노자에게 행복이란 일종의 결과이지 인생을 통해 느낄 수 있는 감정이 아니었어요. 정욕을 억제해서 행복해지는 것이 아니라 행복을 추구하기에 정욕을 억제할 수 있는 것이지요. 행복은 인생의 원만한 상태를 가리키는 것으로 품격의 수양인 동시에 모든 진실한 원인을 꿰뚫어 볼 수 있는 이성적인 상태를 말해요. 그러므로 쾌락과 같은 감정적 요인이 행복을 촉진시키는 것이 아니라 이성과 지혜가 스스로 완벽한 발전을 통해 행복을 가져오는 것이랍니다. 즉, 행복한 상태에 있는 사람만이 감정을 억제할 수 있는 것이지요. 이성과 지혜는 사람됨의 근본으로 이성과 지혜를 떠나서는 행복할 수 없어요.

사람이 행복을 얻으려면 이성과 지혜를 통해 자연계의 질서를 깨달아야 하며 또한 자연계의 규율에 따라 행동해야 해요. 이성과 지혜가 우리가 사는 세상이 이렇게 생성됐다는 것을 말해주니까요. 그러므로 생활 속에서 어떤 상황을 만나더라도 이성과 지혜를 갖고 대처해야만 합니다.

  재물과 명예, 향락은 대부분의 사람들이 인정하는 가장 큰 행복의 상징이지요. 그러나 바로 이 세 가지 조건이 우리 주변을 맴돌고 있다고 해서 꼭 행복한 것은 아니랍니다. 그런데도 사람들은 보통 감각기관의 쾌락을 얻었을 때 스스로 행복하다고 착각하며 점점 그 늪에 빠지게 됩니다. 그러나 이런 쾌락을 얻은 뒤에는 종종 문제가 생기게 마련입니다. 또한 명예나 재물은 많이 얻을수록 욕망도 강렬해져 더 많은 명예와 재물을 탐하게 됩니다. 그러나 일단 희망이 물거품이 되면 느끼게 되는 절망은 말로 할 수 없으며 큰 근심도 잇따라 따라오게 되지요. 이는 행복해지는 것이 아니라 번뇌와 끝도 없는 고통에 빠지는 일입니다. 그래서 현명한 사람은 감각기관의 쾌락이 아니라 마음의 평온을 추구한답니다.

# 에피쿠로스의 쾌락

중국 위진(魏晉)시대의 《열자(列子)》라는 책이 있어요. 중국 도가(道家) 경전의 하나로 전국시대 사상가 열자가 썼다고 하는데, 현재 전해지는 열자는 진나라 장담(張湛)이 쓴 것이에요. 그 책의 〈양주(楊朱)〉편에 보면 공손조(公孫朝), 공손목(公孫穆)이라는 두 형제가 등장해요. 공손조는 술을 좋아했고 공손목은 여자를 좋아했지요.

공손조의 집안에는 사방에 술이 널려 있어서 그 술 냄새가 십 리 밖까지 진동할 정도였답니다. 공손조는 매일 술을 퍼마시는 통에 하루 종일 술에 취해 있는 때가 많았고 아무 꿈도 의미도 없는 삶을 살았지요.

미녀라면 사족을 못 쓰는 공손목은 집안의 재산을 몽땅 팔아가며 매일같이 미녀들과 방탕한 생활을 즐겼고요. 이 두 형제는 향락을 인생의 의미로 알고 완전히 퇴폐적인 생활에 둘러싸여 살았답니다.

그런데 〈양주〉편에서는 의외로 이 형제의 생활방식을
높게 평가하고 있어요. 그들은 이미 인생의 진리를
깨달았기에 그토록 자유롭고 즐겁게 살 수 있
다는 것이지요.

이런 쾌락주의적 행복관에 의하면 감
각기관의 욕망을 만족시키는 것이야
말로 가장 큰 행복이라고 할 수 있어
요. 마음껏 즐기는 생활이야말로
가장 행복한 인생이고, 감각기관
이 만족을 얻지 못할 경우 우리는
가장 큰 고통에 시달리게 된다는
것이지요. 평소 우리가 추구하는
지식이나 도덕, 명예 등은 종종
감각기관의 쾌락을 방해합니다.

이런 쾌락주의적 행복관은 예나
지금이나 상당한 시장을 확보하고
있어요. 어떤 사람들은 앞으로 어떻
게 되든 지금 즐거움을 누리는 것이 행
복이라고 생각합니다.

"즐거운 생일 보내.", "즐거운 새해 보내
세요.", "즐거운 여행하세요.", "신혼생활 재미
나게 하세요." 우리는 종종 이런 말들을 하지요.

즐거움 즉, 쾌락은 가장 직접적으로 와 닿는 느낌으로

입에 잘 맞는 반찬이나 아름다운 음악소리, 멋진 풍경을 보는 것과 같아요. 그러므로 감각기관의 즐거움에서 인생의 즐거움을 찾는 것은 바른 이치를 따르는 일인 셈이지요.

중국 고대의 양주뿐만 아니라 고대 그리스의 철학자 에피쿠로스(Epikouros, BC 342경~BC 271) 역시 같은 주장을 했어요. 훗날 그는 쾌락주의 철학의 시조로 불리게 됐답니다. 다만 열자와 달리 에피쿠로스는 정신적인 쾌락을 강조했어요. 그는 사람이 육체의 행복뿐만 아니라 정신적인 행복을 추구해야 한다고 주장했답니다.

에피쿠로스는 그리스 아테네의 한 정원 안에 자신의 학교를 세웠어요. 사람들은 이곳을 정원학교라고 불렀지요. 그는 학생들을 모집하기 위해 이런 광고를 냈어요.

'이곳에 오면 누구나 행복을 얻을 수 있소. 인생을 즐기는 것이 우리의 가장 큰 목표요. 학교장이 확실히 공언하건대

지혜나 학문이 가져다주는 쾌락뿐 아니라 모든 쾌락은 우리의 식욕에서 비롯된다오.'

이 학교의 취지는 스토아 학파의 금욕주의와는 정반대였답니다.

에피쿠로스는 인간의 자연적인 본성에 따라야 한다고 주장했어요. 다시 말해 인간이 가진 감각기관의 욕망을 만족시키는 것이 쾌락이며, 이 쾌락이야말로 행복한 생활의 근본이라고 믿었어요. 덕분에 많은 사람들이 그가 주장한 인생의 행복이 술이나 성(性)에 빠지는 것이라 오해했죠. 당시 아테네 사람들 사이에는 에피쿠로스의 생활이 방탕하다거나 하루 종일 술에 취해 있다는 헛소문이 돌 정도였어요.

그러나 에피쿠로스는 결코 그런 사람이 아니었답니다. 그가 말하는 쾌락주의적 행복관은 제한적인 것으로, 감각적인 쾌락을 오히려 억제하며 자신의 분수를 지켜 만족할 줄 아는 삶을 지향했어요.

그는 모든 사람이 쾌락을 얻고자 하지만 모든 쾌락이 행복을 가져다주는 것은 아니라는 사실을 발견했답니다. 어떤 쾌락은 사람들에게 고통과 근심을 안겨주니까요. 게다가 욕망에는 끝이 없기 때문에 자신의 욕망대로 마음껏 산다고 만족을 누릴 수 있는 것은 아닙니다.

에피쿠로스에 의하면 사람의 욕망은 크게 세 가지로 나눌 수 있어요.

1. 자연의 기본적 욕망으로 흔히 말하는 의식주(衣食住)의 필요
2. 자연에 속하지만 조금 지나친 필요로 술을 마시거나 안락함을 바라는 것 등
3. 완전히 비자연적이고 허망한 필요로 명예나 권력을 좇는 행동

에피쿠로스는 그 가운데 첫 번째 욕망을 제외하면 인간이 지닌 대부분의 욕망은 쓸모없는 것이라고 주장했어요. 그런 욕망은 인간에게 행

에피쿠로스는 첫 번째 욕망을 제외하면 인간이 지닌 대부분의 욕망은 쓸모없는 것이라고 주장했어요.

복을 가져다주지 못할 뿐만 아니라 더 큰 고통을 안겨주기도 하니까요. 그러므로 가장 단순한 방법으로 가장 기본적인 생존의 필요를 만족시켜주는 것이야말로 진정한 행복일 것입니다. 일단 재물과 명예, 권력 같은 것을 포기하면 인간의 욕망도 단순해지고 인간의 생활 역시 평온해지게 마련이랍니다. 살아가는 데 꼭 필요치 않은 요구를 줄이고 스스로 즐길 수 있는 평범한 생활을 누리는 것이야말로 에피쿠로스가 주장한 행복의 정의이지요.

중세기 교회의 통치로 금욕주의가 생활의 기본적인 원칙이 되면서 쾌락주의적 행복론은 사람들에게 해를 끼치는 개념으로 간주되었어요. '탐닉'은 죄악과 연관되었고, '행복'은 신앙과 연관되었습니다.

물질을 탐하는 것은 사회의 질책을 받거나 심지어 처벌의 대상이 되기도 했답니다. 그리스도교 신자들은 하느님의 은총을 입기 위해 자신의 몸을 상하게 하기도 했어요. 수도사가 스스로 학대를 하는 방식으로 고행을 한 것처럼 말이에요. 그들은 세상에서 누릴 수 있는 행복을 상상 속의 천국에 맡겨두었답니다.

르네상스 운동이 일어나면서 인간의 물질생활과 현실생활이 관심의 대상이 되자 인간의 다양한 욕망에 대한 지지가 거세지고 쾌락주의적 행복관이 다시 주목받게 되었어요. 사람들은 인간의 자연적 필요라면 무엇이든 정당하고 합리적인 것이며 충분히 만족되어야 한다고 주장했답니다. 쾌락주의적 행복의 개념이 등장하면서 인간 본성의 물질적 필요가 다시 부활했지요.

뒤이어 나타난 프랑스의 유물주의는 물질을 1차적·근본적인 실재로 생각하고 마음이나 정신을 부차적·파생적인 것으로 보는 철학설

인데, 물질적인 행복의 주장에서 한 발 더 나아가 신학과 금욕주의에 반대하는 깃발을 높이 올렸어요.

프랑스 철학자들은 사람을 일종의 기계로 보았고 즐거움을 추구하고 고통을 피하는 것은 인간의 타고난 본성이라 여기며 이 세상에서의 행복에 초점을 맞췄답니다. 그들은 인간의 행위는 기본적으로 이기적일 수밖에 없으며 자신을 사랑하는 것이야말로 인생의 참모습이라고 여겼지요. 인간의 행복을 돕는 것이야말로 선한 것이며 인간의 행복을 방해하는 것은 악이라고 주장했어요. 그들에게 현실적인 물질적 이익과 인간의 행복은 깊은 관련이 있었답니다.

그리스도교 및 관념적인 헤겔 철학에 대한 비판을 통하여 유물론적인 인간 중심의 철학을 제기한 19세기의 독일 철학자 포이어바흐(Ludwig Andreas Feuerbach, 1804~1872)는 일종의 감성철학을 제시한 적이 있는데요. 이 철학의 주요내용은 인간 세상에서 누릴 수 있는 즐거움이 바로 진정한 행복이라는 것이었지요. 그는 자신의 생리적 필요를 만족시키고 감각기관의 쾌감을 추구하며 감정 에너지를 배출시키는 것이 인간이 하는 모든 행동의 기초가 된다고 주장했답니다. 여태껏 그리스도교의 하느님이 인류가 갈망하는 행복을 억압해왔지만 이제는 감성주

의적 인생이 이를 대신해야 한다고도 말했어요. 포이어바흐에게 인간의 가장 큰 책임은 스스로 행복을 구해 현실생활 속에서 사랑의 감정을 넘쳐나게 하는 것이었답니다.

19세기 중반 영국에서 시작된 공리주의는 가치 판단의 기준을 효용과 행복의 증진에 두었고, 에피쿠로스 이래의 유물론적 전통을 계승함은 물론 한발 더 나아가 감각의 영역에서 인간의 행복을 설명했어요. "최대 다수의 최대행복을 추구하라."

이는 공리주의의 일관된 목표이며 그 출발점은 인간의 현실 속 물질생활이에요. 이른바 '공리'는 인간의 물질적 행복에 초점을 맞추고 있으며 인간의 향락적인 욕망을 만족시키는 것을 가장 중요하게 여기지요. 또한 사회는 사람들의 고통을 덜어주기 위해 모든 노력을 다해야 하고, 쾌락을 가져다주는 모든 것은 좋은 것이며, 다시 말해 공리는 행복과 동의어라고 할 수 있답니다.

예부터 오늘날까지 각양각색의 사람이 존재하듯 행복을 보는 시각도 저마다 다를 수밖에 없어요. 그러나 이런 의견들을 종합해보면 크게 몇 가지 부류로 나눌 수 있어요.

1. 우리가 흔히 말하는 물질향락주의로 인간의 물질적 현실생활을

기초로 하며 감각기관의 만족을 행복의 원천으로 여기지요.

2. 지극히 정신적 영역의 쾌락을 중시하는 것으로 감각기관을 만족시키는 것보다 정신적인 활동을 통해 영원한 생명을 얻기를 원하는 부류이지요.

3. 물질적 욕망과 정신적 활동 사이의 균형을 중시하는 것으로 일종의 절제된 향락을 주장하며 지나친 방종이 가져오는 재난과 고통을 경계하는 부류입니다.

이런 주장에 따르면 인간은 동물과 같은 생활을 해서는 안 되며, 인간으로서의 존엄과 이성을 지켜 중용의 생활방식을 찾아야 합니다.

사실 사람은 물질생활이 어느 정도 만족스러운 수준에 이르면 몸과 마음을 위한, 보다 풍부하고 유익한 생활방식을 추구하게 마련입니다. 즉, 건강하고 품위 있는 정신생활을 추구하는 것이지요.

따지고 보면 사람은 매우 특이한 생물체 가운데 하나랍니다. 육체와 감각기관의 만족을 탐하면서도 다른 한편으로는 깊이 있는 정신생활을 필요로 하니까요. 사람은 물질생활이 불만족스러울 경우 대개 행복감을 느끼지 못하며 생존이 힘들어지기도 합니다. 반면 정신생활의 함양이 부족할 경우 허무함을 느끼며 삶의 의미를 잃어버리기도 한답니다.

그렇다면 대체 어떻게 해야 자신의 물질생활을 적정한 수준에서 만족시킬 수 있을까요? 오늘날 우리는 가지각색 소비품들에 둘러싸여 사는 시대에 살고 있어요. 돈만 있다면 못 살 것이 없지요. 옛날 사람들에 비하면 그야말로 없는 게 없는 생활을 하고 있는 셈입니다. 큰 집과 아끼는 자동차, 스타일 좋은 옷들은 분명 우리를 행복하게 만듭니다.

그러나 우리는 오늘날 사람들이 물질 때문에 수많은 근심과 고통을 느끼고 있다는 사실도 잘 알고 있어요. 바로 이런 근심과 고통을 일컬어 문명병이라고 하기도 하지요. 지나친 성공과 명예에 대한 집착으로 하루 종일 긴장하는 상태가 지속될 경우 흔히 나타나는 현상으로 이런 상황이 오래되면 긴장한 신경계통에 문제가 발생합니다. 불안, 초조, 공포, 불안, 외로움 등의 정서가 사람을 허약하게 만들지요.

그러므로 물질을 누리는 즐거움만을 가지고 행복을 정의하는 것은 분명 문제가 있어요. 그러나 감각기관의 쾌락을 부정하며 금욕주의를 강조하는 것 역시 문제를 초래할 수 있답니다.

행복이란 복잡하게 말하면 꽤나 복잡한 존재랍니다. 성공하고 돈을 벌어도 마음속은 상처받을 때가 있으니까요. 그러나 간단히 생각하면 또 참으로 간단한 존재이기도 해요. 사랑하는 사람과 함께 하는 것만으로도 행복할 수 있으니까요.

# 자유는 구속받지
# 않는 것일까?

밀은 '개인의 자유와 개성 발전'의 의의를 인생의 목적이자 행복이며, 동시에 사회진보와 인류발전
의 척도라고 주장했어요. 한 사회가 어느 정도 진보했는가는 얼마나 개성의 자유로운 발전을 촉진
하는가를 보고 판단하면 되는 것이지요.

어렸을 때 어른들이 일일이 간섭하는 것만큼 싫은 일이 있었나요? 아이가 하는 일은 뭐든 불안해 보이는지 어른들은 늘 혼자 밖에 나가 놀지도 못하게 했어요. 교실에는 규칙이 있다며 선생님은 큰소리로 떠들지도 못하게 했고요. 어른들에게 잔소리를 듣지 않는 것이 어린 시절 우리의 가장 큰 소망이었지요.

자라면서 이런 생각이 바로 '자유의지' 라는 것을 알게 됐어요. 인류의 자유의지는 타고난 것으로 인류의 발전과 더불어 늘 함께 했답니다.

중국 고대의 사상가로 도(道)를 천지만물의 근본 원리라고 보았던 장자(莊子, BC 369경~BC 289경)는 자신이 쓴 〈소요유(逍遙遊)〉편에서 극한의 자유에 대한 의지를 드러냈어요. 그는 사람들 사이에서도 어떤 구속이나 제재를 받지 않는 생활을 꿈꿨고 그러기 위해서는 자신의 뜻에 따라 살아야 한다고 주장했지요.

근대 프랑스의 계몽사상가 루소(Jean-Jacques Rousseau, 1712~1778)는 이런 글을 쓴 적이 있어요.

"인간은 태어나면서부터 자유롭지만 그 자유는 어디에서든 속박 가운데 존재한다."

그가 이런 글을 쓴 까닭은 현실생활 가운데 군주와 교회의 권력에 의한 전제통치가 널리 퍼져 있기 때문이었어요. 그들의 억압은 마치 두 개의 밧줄처럼 민중들을 꽁꽁 묶어 어떤 자유도 누리지 못하게 했답니다.

헝가리의 시인 페퇴피(Petöfi Sándor, 1823~1849)는 국민적 전설의 영웅에 대한 서사시 《용자 야노시》를 비롯해 격렬한 생명의 환희와 깊은 애수가 담긴 연애시와 자연시를 남겼는데요. 그 중에서도 매우 유명한 시 한 수가 있어요.

생명은 얼마나 고귀한 것이냐.
그러나 사랑은 그보다 더 소중하다.
허나 자유를 위해서라면
둘 다 포기해도 좋다.

그의 눈에 자유는 가장 소중한 가치였던 것입니다. 사람은 보잘것없는 목숨을 지키려고 다른 사람의 억압을 받는 것을 원치 않아요. 또한 사람은 사랑을 쫓지만 그 사랑에 얽매이려 하지 않지요.

자유는 일상생활 속의 기본적인 문제이지만 철학과 논리학, 미학의 기본적인 문제이기도 해요. 아주 오래 전부터 인류는 자유에 대해 특별한 관심을 기울여왔지요. 자유는 인류가 가진 독특한 정신활동이자 인류와 다른 생물을 구분하는 기준이 되니까요. 사람을 제외하고 다른 어떤 생물도 자유의지를 갖고 있지 않아요. 그들은 본능에 따라 생활하며 완벽하게 자연의 규율에 복종합니다. 오직 사람만이 자유롭게 생각하며 자유의 왕국을 이상으로 삼는답니다. 인류가 자유의지를 가진 뒤 자유는 인생이 추구해야 할 마지막 목표가 되었어요.

그러나 자유란 대체 무엇일까요? 하고 싶은 대로 하고 말하고 싶은 대로 말하는 것이 자유일까요? 하늘나라를 소란하게 만들었던 《서유기》 속 손오공은 무척 자유로운 것처럼 보이지만 그래봤자 부처님 손바닥 안에서 맴돌았죠.

먼 옛날부터 사상가들은 자유의 문제를 탐구하기 위해 노력해왔어요. 중국의 철학자 노자, 장자, 맹자, 인도의 석가모니, 서양의 소크라테스, 플라톤, 아우구스티누스 등은 물론, 오늘날의

철학자들은 자유를 행복의 전제조건으로 꼽았으며 인생의 가치를 실현하는 것이라고 보았어요.

철학자에 이르기까지 그 사상의 핵심은 자유에 대한 추구랍니다. 노자와 장자의 '도법자연(道法自然)'이나 불교에서 고해(苦海)를 벗어난다고 하는 것, 기독교에서 말하는 천국과 지옥, 근대철학의 이성(理性) 숭배까지 이 모두는 자유에 관한 인류의 사유를 그대로 반영하고 있어요.

철학자들은 자유를 행복의 전제조건으로 꼽았으며 인생의 가치를 실현하는 것이라고 보았어요. 《장자》의 첫 번째 편인 〈소요유〉에는 이런 말이 나와요.

"하늘과 땅 사이를 소요하노라면 스스로 마음을 얻게 된다."

중국 전국시대의 정치가이자 비극시인인 굴원(屈原, BC 343경~BC 278경)의 서정적 장편 서사시 《이소(離騷)》에는 이런 구절도 나오지요.

"멀리 떠나려 해도 갈 곳이 없어 잠시 소요하며 떠돌아다닌다."

여기서 말하는 '소요'가 바로 자유의 뜻을 품고 있답니다. 다시 말해 소요란 아무런 근심이 없으며 어느 것에도 구속받지 않는 자유의 상태를 가리키는 말이에요.

사실 인류의 역사는 자유를 쟁취하기 위한 역사였다고 할 수 있어요. 그러나 어떻게 진정한 자유를 얻을 것인가에 대해서는 늘 주장이 엇갈려요. 만약 자유가 이상에 불과하다면 이상과 현실 사이에는 엄청난 거리가 있을 테고, 그 사이에는 높은 산과 깊은 물, 짙은 구름과 따가운 가시가 널려 있겠지요.

# 자유의
# 새싹

우리는 종종 사람의 일생을 봄, 여름, 가을, 겨울 사계절의 변화에 비유합니다. 사람은 누구나 천진난만한 어린 시절을 보내게 되며 이는 마치 생명이 움트는 봄날과 같아요. 그리고 다시 젊고 혈기 왕성한 청년이 되며 이는 열정적인 여름과 같습니다. 그런 뒤 성숙해지고 진중해지는 중년과 노년을 맞게 되며 이는 꼭 가을과 겨울을 닮았어요.

자유의지의 발전과정도 사람이 성숙해지는 단계와 매우 비슷합니다. 인간의 자유 역시 미숙한 단계에서 성숙한 단계로, 자각하지 못하는 단계에서 자각하는 단계로 나아가니까요.

독일의 철학자 헤겔(Georg Wilhelm Friedrich Hegel, 1770~1831)은 칸트 철학을 계승한 독일 관념론의 대성자로 '자유의지의 진보'를 기준으로 세계의 역사를 다음의 네 가지 시대로 구분했어요.

동양 세계 – 인류 역사의 유년 시대

그리스 세계 – 인류 역사의 청년 시대

로마 세계 – 인류 역사의 장년 시대

게르만 세계 – 인류 역사의 노년 시대.

헤겔은 동양 세계가 전제와 독재에 시달리고 있으면서도 사람들에게 자유의지가 없기 때문에 인류 역사의 유년 시대를 대표한다고 주장했어요. 그러나 그리스 세계에서는 이미 개성에 대한 의식이 생겨났기에 그리스 세계를 인류 역사의 청년 시대로 본 것이지요. 그리스 시대의 사람들은 이미 독립적으로 사물을 판단하고 옳고 그름을 분별할 줄 알았답니다. 즉, 그리스 세계는 '아름다운 자유왕국'이자 '가장 우아하고 아름다운 세계'였던 셈입니다.

자유에 대한 헤겔의 이런 비유는 한 번쯤 되새겨 볼만한 가치가 있어요. 결국 자유는 인류 역사의 산물이라는 것이지요. 길고 긴 원시사회에서는 인류의 자유에 대해 논할 것이 없습니다. 당시 인류는 완전히 자연에 의지해 인간과 자연이 하나가 된 상태로 인간은 자연의 노예나 다름없었으니까요.

자아를 인식하지 못하던 시대에 자유를 논하는 것은 일종의 사치겠지요. 원시시대의 사람에게 자유란 아무 의미가 없었습니다. 예를 하나 들어볼까요? 갓난아기는 자신의 생명을 온전히 부모에게 의존하며 부모를 떠나서는 어른으로 성장할 수 없어요. 이 시기에는 자립을 할 수 있는 방법이 없으며 부모에게 많은 구속을 받게 되므로 자유롭지 못합니다.

고대 그리스 아테네의 유명한 정치가 페리클레스는 자유를 민주정치의 첫 번째 원칙으로 삼았답니다. 그는 아테네인 스스로 자신의 운명을 결정할 자유가 있다고 강조했어요.

인류는 문명사회에 들어선 뒤로도 오랫동안 자유가 무엇인지 알지 못했어요. 그리스 시대에 들어서 지중해의 에너지를 받은 그리스인들이 자유의지를 깨달은 다음부터 '자유'는 되살아난 것입니다.

고대 그리스 아테네의 유명한 정치가 페리클레스(Pericles, BC 495경 ~BC 429경)는 자유를 민주정치의 첫 번째 원칙으로 삼았던 최초의 사람이에요. 그는 아테네인 스스로 자신의 운명을 결정할 자유가 있다고 강조했지요. 그는 평의회, 민중재판소, 민회에 실권을 가지도록 하는 법안을 제출해 민주정치의 기초를 마련했으며 아테네의 전성기를 이끌었던 인물로 아테네에서 민주주의가 꽃을 피운 데는 페리클레스의 공이 크답니다.

그는 다음과 같은 몇 가지 자유 정책을 실행했어요.

1. 민회를 최고의 권력기구로 삼고 도시의 모든 일은 이 기구를 통해 토론으로 통과시킨다.

2. 관직을 얻는 데 필요한 재산에 관한 자격 조건을 취소하고, 스무 살이 넘은 공민은 모두 선거나 추첨을 통해 국가의 관직을 맡을 수 있다.

3. 가난한 공민도 공직을 맡고 국가 관리에 참여할 수 있도록 정부는 관직수당을 주어야 한다.

4. 공민 의식을 배양하기 위해 정부는 연극 관람 수당을 지급해야 한다. 연극을 보는 것은 공민의 신분을 증명하는 동시에 공민 의식을 배양할 수 있는 효과적인 방법이기 때문이다.

5. 최고 사법기관이 귀족의 손에서 넘어와 민중의 이익을 보호할 수 있는 도구가 될 수 있도록 민중 재판소의 권력을 키워야 한다.

페리클레스의 잇따른 자유 민주 조치 덕분에 아테네는 정치적, 경제적, 문화적으로 비약적인 발전을 이룩했을 뿐만 아니라 가장 번성한 시기를 맞을 수 있었답니다. 정치의 폭이 넓어지고, 경제가 발달하며, 예술이 왕성해지자 아테네는 단숨에 지중해의 문화 중심으로 떠올랐어요.

고대 그리스의 사람들은 민주적이고 자유로운 생활을 누렸어요. 그들은 길거리에서 시정(市政)에 대해 비판했으며, 민회에서는 서로의 의견을 나누었고, 민중 재판소에서는 자신의 권익을 대변했으며, 공연장에서는 공민의 자유를 누렸답니다. 물론 이것은 남자 공민에게만 해당되는 말이고 여자와 노예에게는 자유권이 없었어요.

자유는 고대 그리스인들에게 희망과 경제적 풍요를 가져다주었지요. 그리스-페르시아 전쟁이 바로 그 좋은 증거라고 할 수 있어요. 군사력만 따져봤을 때는 페르시아가 아테네를 몇 배나 앞서 있었지만 결국 전쟁의 승자는 아테네였어요. 그리스인들은 강대국인 페르시아를 꺾을 수 있었던 원인으로 자신들이 지닌 특별한 무기를 꼽았어요. 그것은 바로 '자유'였으며, 전쟁의 결과로 자유의 승리를 실현한 것입니다.

그러나 오늘날 고대 그리스인들의 자유를 연구하다보면 그들의 자유에도 모순이 있음을 발견하게 됩니다. 그리스인들은 사상의 자유를 숭배했지만, 소크라테스의 사상에 죄목을 씌워 사형을 언도했어요. 또한 정치자유를 실현해 인격의 평등을 지향했던 그들이지만, 그리스에서는 노예제가 성행했답니다. 이런 사실들을 통해 그리스인의 자유와 오늘날 우리가 이해하는 자유 사이에는 커다란 차이가 있음을 알 수 있지요.

그러나 고대 그리스인들의 자유의지에 결함이 있다 해도 그들이 추구했던 자유에 대한 노력만큼은 과소평가할 수 없어요. 그들은 생명의 자유를 갈망했으며, 이런 노력은 고대 사람들에게 민주적인 정치와 경제적 번영을 가져왔답니다. 결국 오늘날 우리가 누리고 있는 자유 역시 자유에 대한 고대 인류의 끈질긴 노력의 결과인 셈이지요.

그러므로 우리는 현대인의 자유를 마음껏 누리는 동시에 고대인들의 자유에 대해서도 폭 넓게 이해해야 합니다. 오늘날 우리가 자유로운 생활을 누리게 된 것은 바로 자유를 향한 그들의 노력과 열정과 헌신이 있었기에 가능한 것이니까요.

# 타고난 권리

사람들은 아주 오랫동안 지구가 우주의 중심이라고 믿었어요. 특히 중세기 가톨릭은 지구가 우주의 중심이며, 이 우주를 하느님이 보호해주신다고 철석 같이 믿었답니다. 교회의 눈에 이 사실은 완벽한 진리였죠. 만약 이 사실에 반대하는 사람이 있다면 하느님의 뜻을 거스르는 것과 마찬가지였어요.

그런데 마침내 이 사실에 의문을 품은 한 사람이 나타났어요. 그는 바로 폴란드의 천문학자인 코페르니쿠스(Nicolaus Copernicus, 1473~1543)였지요. 그는 1543년 《천구의 회전에 관하여》를 출간하여 지구가 태양 주위를 돈다고 주장했어요. 이것은 근대과학의 출현에 지대한 의미를 가지는 개념으로 서구사상에 커다란 공헌을 한 것이었지만, 우주의 중심이 지구가 아니라 태양이라는 그의 주장이 당시의 사람들에게는 세상이 뒤집히는 엄청난 발상이었답니다. 오래된 사상을 부정하는 주장이었으며 가톨릭의 뜻을 거스르는 것이기도 했지요.

르네상스 시절 이탈리아의 뛰어난 철학자 조르다노 브루노(Giordano Bruno, 1548~1600)는 코페르니쿠스의 지동설을 믿는 사람 가운데 하나였어요. 그는 가난한 어린 시절을 보내고 수도원에 들어가 도미니코회의 수사가 됐지만 가톨릭의 교리를 잘 따르지 않았어요. 그는 가톨릭의 수많은 교리에 의심을 품은 채 코페르니쿠스의 학설을 신봉하며 15년이 넘게 유럽을 떠돌았답니다. 교회는 이런 브루노를 눈엣가시처럼 여겼고, 결국 그는 붙잡혀 벌을 받게 됩니다.

브루노는 무려 7년 동안 긴 감옥생활을 하게 되었어요. 그 사이 종교 재판소는 온갖 방법을 다 동원해 브루노의 마음을 바꿔보려고 노력했지요. 그러나 어떤 회유에도 브루노의 생각은 바뀌지 않았고 결국 종교 재판소는 브루노에게 화형을 선고했답니다. 1600년 2월 17일 이탈리아 로마의 꽃의 들판이란 뜻을 갖고 있는 캄포 디피오리 광장(Campo di Fiori)에서 브루노의 화형이 시작되고 있었어요.

구경 나온 많은 사람들 앞에서 재판장이 판결문을 다 읽자 브루노는 담담하게 말했어요.

교황은 엄청난 권력을 가지고 교회제도를 이용해 각지의 교권을 장악해 사람들의 일상생활까지 엄하게 다스렸지요.

"불도 나의 뜻을 꺾을 수는 없소. 먼 훗날 사람들이 나의 가치를 알아 줄 겁니다."

그의 이 말은 오늘날 현실이 되었답니다.

브루노가 살았던 중세기를 일컬어 암흑의 시대라고 하지요. 암흑이란 로마 교황청의 통제 아래 사람들의 모든 생각의 자유와 사회가 억눌려 있던 것을 뜻해요. 당시 교황은 엄청난 권력을 가지고 있었고 교회 제도를 이용해 각지의 교권을 장악해 사람들의 일상생활까지 엄하게 다스렸지요. 다시 말해 중세기는 사람들의 자유가 가장 억압받던 시대였던 거죠. 그러나 간절히 자유를 바라던 인류의 역사 속에서 보면 중세기는 건너뛸 수 없는 중요한 시기랍니다. 사람들을 하나하나 통제하는 가톨릭의 정책에도 불구하고 자유를 찾고자 하는 역사의 발걸음을 늦추지는 못했으니까요. 교회의 압력이 커질수록 그에 반항하는 사람들도 더욱 늘어났답니다.

자신을 인문주의자라고 처음 칭했던 이탈리아의 사상가 페트라르카(Francesco Petrarca, 1304~1374)를 시작으로 3백 년 가까이 수많은 지식인들이 문예부흥, 즉 르네상스를 주장했어요. 르네상스 운동은 신과 교회에 반대하는 깃발을 높이 들었지요.

이탈리아의 소설가이자 시인으로 《데카메론》의 저자인 보카치오(Giovanni Boccaccio, 1313~1375), 프랑스의 르네상스를 대표하는 철학자이자 문학가로 《수상록》의 저자인 몽테뉴(Michel Eyquem de Montaigne, 1533~1592), 영국이 낳은 최고의 시인이자 극작가인 셰익스피어(William Shakespeare, 1564~1616년)가 페트라르카의 뒤를 이어 고대

그리스 문화를 다시 부흥시키자고 주장했어요. 그들은 종교의 금욕주의와 교회의 봉건적인 통치에 반대하고 인간 개개인의 자유를 추구했답니다.

르네상스를 위해 싸운 사람들은 교회와 신부들, 봉건 귀족의 거짓 가면을 벗기고 사람의 존엄성과 자유를 되찾아왔어요. 종교를 통해 자신의 죄를 용서받아야 하는 생활 속에서는 인간에 대한 어떠한 자유와 존엄성도 없었어요. 하지만 사람이 자기 뜻에 따라 자신을 설계하게 됐을 때 비로소 자유는 현실이 되었답니다.

근대에 이르러 부르주아 혁명, 일명 시민혁명이 일어나자 서양의 사상가들 사이에서는 자유에 대한 문제가 본격적으로 제기되었어요. 그들은 또한 인간의 본성에서 출발해 인간이 가진 자유에 대한 권리를 증명해냈답니다. 그들은 자유와 평등, 박애를 인류가 지켜야 할 기본적인 목표로 정했어요.

영국의 철학자 토머스 홉스(Thomas Hobbes, 1588~1679)는 인간이 타고난 자유에 대해 강조했어요. 인성은 본래 쾌락과 완전한 자유생활을 추구합니다. 인류가 자연 상태로 살던 때에는 모든 사람들이 자유롭고 평등했어요. 그러므로 사람은 자신의 권력을 이용해 자신의 본성을 보전하고, 생명의 자유를 보호할 수 있는 것이지요.

그러나 인간의 이런 자유권은 서로 충돌하게 마련입니다. 자유가 있다고 아무 일이나 할 경우 한 사람의 자유가 다른 사람의 자유에 영향을 줄 수 있으며, 그 결과 모두가 자유를 잃어버릴 수도 있답니다. 이럴

모든 사람은 자기 사상의 주인이며, 이런 자유는 누구에게 양보하거나 포기할 수 없는 것입니다.

경우 '모든 사람이 모든 사람의 전쟁에 반대' 하는 혼란에 빠질 수도 있습니다.

자연 상태에서 "인간은 인간에게 늑대가 된다."는 홉스의 명언과 같은 현상이 벌어질 경우 인간의 자유는 여지없이 파괴되고 말 것입니다. 그러므로 '자아를 보존'하고 모든 사람들의 안위를 생각한다면 사람들은 자신의 타고난 권리와 자유를 포기하고 대신 그 권리와 자유를 사회에 맡겨야만 합니다.

이런 사회적 계약을 통해 하나의 국가가 성립되는 것이지요. 이렇게 세워진 국가는 사람들의 자유를 구속하는 동시에 모든 사람의 의지를 구현합니다. 이로 인해 인간의 자유는 사회 속에서 법률의 구속을 받게 되지요. 그러나 법률이 규정한 영역 안에서 개인은 선택과 행동의 넓은 공간을 얻게 됩니다. 다시 말해 법률로 제한된 것이 아니라면 인간은 모든 행동의 자유를 누릴 수 있다는 뜻이지요.

홉스의 자유관은 같은 시대의 철학자들에게도 큰 영향을 끼쳤고, 이로 인해 수많은 논쟁이 일어나기도 했어요. 이를테면 스피노자 같은 철학자는 토머스 홉스의 관점에 동의하지 않았어요. 그는 개인이 모든 자연권을 사회에게 넘겨주어서는 안 되며 재산사유권과 신앙자유권, 사상자유권은 스스로 지켜내야 한다고 주장했답니다. 모든 사람은 자기 사상의 주인이며, 이런 자유는 누구에게 양보하거나 포기할 수 없는 것이니까요.

계몽 철학 및 경험 철학의 원조로 일컬어지는 영국의 철학자 존 로크(John Locke, 1632~1704)는 홉스의 이론을 계승했지만 개개인의 생명과 자유, 재산에 관한 권리를 특별히 강조했어요. 로크는 사람은 나면서부터 자유이고, 이는 누구도 가져갈 수 없는 권리라고 보았답니다.

"결점이 없는 자유 상태가 갖춰지면 사람은 자연법의 범위 안에서 자신만의 합리적인 방법에 따라 자신의 행동과 자신의 재산 등을 처리할 결정권을 갖게 된다. 또한 이를 위해서 누구의 허락을 얻거나 명령을 받을 필요가 없다."

생명을 보전하는 것은 인간의 자연권이며, 인간의 모든 권리는 타고나는 것입니다.

인간은 태어나면서부터 자유이고, 이는 불변의 진리이며 누구도 빼앗아갈 수 없어요. 다만 국가와 정부의 합법적 권리는 개인의 재산권을 보호하고, 개인의 자유와 안전을 보호해주는 것입니다. 자유를 인간의 타고난 천부(天賦)의 권리로 보는 존 로크의 사상은 한 시대를 풍미하게 됩니다.

# 손오공의
# 자유

매는 하늘을 길게 가르고

물고기는 강기슭에 분주하니

서리 찬 하늘 아래

만물이 자유를 누리는구나


이는 중국의 정치가이자 공산주의 이론가인 마오쩌둥(毛澤東, 1893~1976)
의 유명한 시구입니다. 매는 하늘을 자유롭게 날고, 물고기는 물속을
자유롭게 노닐지요. 이 얼마나 많은 사람들이 동경하는 자유로운 풍경
인지요. 사람들은 이렇게 말합니다.

"하늘을 나는 새나 물속의 물고기처럼 하고 싶은 대로 하고 아무 구
속도 없다면 얼마나 좋을까?"

그러나 정말 이런 자유가 있을까요? 어떤 제약도 받지 않는 그런 자

《서유기》의 작가는 자유에도 한계가 있음을 알려주고 싶었던 것 같아요.

유가 정말 존재할까요?

사실 모든 자유에는 조건이 있게 마련입니다. 자유는 종종 상대적인 개념이랍니다. 하늘을 나는 매에게 공기가 없다면 과연 날 수 있을까요? 혹은 천둥과 번개, 광풍을 맞고도 매가 그토록 자유롭게 날 수 있을까요? 물속에서 자유로운 물고기지만 만약 물이 없다거나 물에 심각한 오염이 생긴다 해도 여전히 즐겁게 유유자적할 수 있을까요? 대답은 당연히 'No' 입니다.

《서유기》의 제천대성 손오공을 모르는 사람은 없겠죠? 그는 원숭이가 둔갑한 요괴이기 때문에 1만 8천 리를 단숨에 갈 수도 있고, 여의봉을 들고 하늘의 구름을 탈 줄 알며, 멀리 꿰뚫어보는 눈으로 스승과 동료들을 위해 요괴들을 물리치기도 합니다. 손오공의 모습은 중국인들이 지향하는 자유로운 생활을 표현한 것이라 할 수 있어요.

그러나 《서유기》의 작가는 자유에도 한계가 있음을 알려주고 싶었던 것 같아요. 스승인 삼장법사가 손오공이 말썽을 피울 때 머리의 금테를 조이는 주문과 부처님의 손바닥을 설정해둔 것을 보면 알 수 있지요. 손오공이 제멋대로 명령을 어기면 삼장법사는 주문을 외워 벌을 주며, 또한 손오공은 아무리 뛰어봐야 부처님 손바닥을 벗어날 수 없어요.

모든 사람의 출생 역시 일정한 시간과 공간, 사회 환경 속에서 이루어지게 되며 이를 벗어날 수 있는 사람은 아무도 없어요. 사회는 우선 사람들을 다양한 제재와 구속으로 통제합니다. 그러므로 사람이 사회 속에서 얻게 되는 자유는 아무런 제약이 없는 자유가 아니며, 상대적이고 한계가 있는 자유랍니다. 사회적 조건을 통해 우리가 누리는 자유는 타인의 자유와 사회적 질서에 영향을 미치지 않는다는 전제의 자유입니다.

　서양 철학자들은 19세기를 자유주
의 시대라고 일컬어요. 토머스 홉스나
존 로크, 루소, 칸트, 헤겔, 포이어바흐
같은 자유주의 철학자들의 영향으로
당시 사회에는 자유를 추구하는 신념
이 보편화되어 있었기 때문이지요. 그
러나 서양 세계가 자유 민주의 방향으
로 나아가는 과정 속에서 끊임없이 새
로운 모순의 문제가 생겨났답니다. 마
치 햇살 아래 그림자가 지는 것처럼 자
유 민주의 발전에 따라 다양한 죄악들
도 함께 자랐어요. 무엇보다 이상과
현실 사이에는 늘 괴리가 있기에 실생
활에서는 비민주적이고 비자유적인 일
이 흔히 일어납니다.

　자유라는 천부권리와 이에 반하는 현실 속의 다양한 구속은 사람들
에게 갖가지 고민을 안겨줍니다. 인간의 자유가 하늘이 내린 것이라는
사실을 어떻게 증명할 것인가? 현실 속에서 어떻게 진정한 자유를 얻
을 수 있는가? 이러한 현실적인 어려움에는 명확한 해답이 필요해요.
덕분에 도덕 철학을 가지고 어떻게 완벽한 자유 이론을 완성시킬 것인
가 하는 문제가 철학자들 사이의 뜨거운 화두가 되었답니다.

　공리주의를 대표하는 영국의 철학자 존 스튜어트 밀(John Stuart Mill,

1806~1873)은 이 문제에 대해 독특한 견해를 제시했어요.

밀은 자유 사회와 좋은 정부 수립의 근본적 목표는 개인의 자유를 실현하기 위함이라고 주장했어요. 그는 공리주의의 '최대 다수의 최대 행복의 원칙'에서 출발해 자유가 최대 다수의 사람들에게 최대의 행복을 가져다줄 수 있음을 증명해 보였어요. 다시 말해 자유는 사람들에게 가장 큰 만족을 안겨줄 수 있다는 뜻이지요.

밀 이전의 철학자들은 모두 인간 본성의 자연 상태에서 비롯된 자유를 설명하고 있었어요. 밀은 이런 주장에 의문을 표하며 자연 상태가 비록 인류의 원초적인 상태이기는 하지만 언제까지고 인류가 자연 상태에만 머물 수는 없다고 주장한 것이지요. 인류가 일단 문명사회에 들어서면 사회 환경에 둘러싸이기 때문에 다시 자연 상태로 돌아가는 것은 불가능해요. 그러므로 자연 상태의 자유를 가지고 사회 환경 속의 자유를 논하는 것은 무리입니다.

밀은 사회 환경 속의 자유는 '자유를 위해 자유를 제한'하는 것이라고 주장했어요. 다시 말해 그가 말하는 자유는 제약과 조건이 있는 자유인 셈이지요. 사람은 사회 속에서 생활하기에 타인과의 교류가 반드시 필요하고, 만약 일정한 제한과 구속이 없다면 개인의 자유행위는 필연적으로 타인의 자유와 사회의 질서를 위협할 수밖에 없답니다. 이럴 경우 모두가 자유롭지 못하게 됩니다.

물론 모든 사람은 타인과 사회에

밀의 이런 사상을 요즘 말로 바꾸면 '공공장소에서 우리 모두는 법률적 제한을 받는다.' 라고 할 수 있어요.

피해를 입히지 않는다는 전제 아래 절대적인 자유를 누릴 권리가 있어요. 어떤 사람이나 어떤 조직도 개인의 자유를 간섭할 수 없지요.

밀의 이런 사상을 요즘 말로 바꾸면 '공공장소에서 우리 모두는 법률적 제한을 받는다.'라고 할 수 있어요. 공공장소, 예를 들어 극장에서는 큰소리로 떠들거나 다른 사람의 관람을 방해해서는 안 됩니다. 건널목에서는 교통 신호등을 지켜야 하며 많은 사람들 앞에서 옷을 벗는 것도 금물입니다.

그러나 사적인 영역에서는 누구나 자유를 누릴 수 있으며, 법률 역시 사람들의 이런 자유권을 확실히 보장해줘야 합니다. 집 안에서 큰소리로 시를 읽는 것은 개인적인 자유입니다. 내가 가수가 되고 싶어 한다고 누군가 그것을 막을 수는 없지요. 또한 내가 야외활동을 좋아한다면 이는 지극히 개인적인 취미에 해당합니다.

개인의 자유는 구체적으로 어떤 내용을 포함하고 있을까요? 밀은 그 내용을 다음과 같이 소개했어요.

사상의 자유, 신앙의 자유, 취미의 자유, 무역의 자유, 경영의 자유, 개성의 발전과 행복 추구의 자유 등등.

밀은 '개인의 자유와 개성 발전'의 의의를 인생의 목적이자 행복이며, 동시에 사회 진보와 인류 발전의 척도라고 주장했어요. 한 사회가 어느 정도 진보했는가는 개성의 자유로운 발전을 얼마나 촉진하는가를 보고 판단하면 되는 것이지요.

# 사르트르의 절대자유

헤겔은 철학을 이렇게 비유했어요.

"철학은 밤을 지키는 부엉이가 황혼 무렵, 만물이 적막에 싸일 때쯤 천천히 날개를 펴 날아가는 것과 같다."

이것은 꽤나 시적이고 의미하는 바가 큰 비유입니다. 철학은 복잡한 세상의 모든 현상을 주목해야 할 뿐만 아니라 사람들에게 진리를 깨닫고 도달할 수 있는 이상적인 세계, 즉 정신의 피안을 제공해야 합니다.

수천 년 동안 철학자들은 인생의 비밀을 탐구하며 화려한 지혜의 불빛을 뿜어 왔어요. 20세기 1930년대에 들어서 생겨난 실존주의는 바로 그 시대를 밝히던 지혜의 빛이었지요. 실존주의 철학이 사람들의 주목을 끈 것은 추상적인 본질에서 출발해 인간의 자유로운 사고의 방향을 입증한 전통철학에 반대하며, 인간의 현실생활과 경험을 바탕으로 인간의 생존과 그 운명을 탐구했기 때문이에요.

당대 프랑스의 철학자이자 문학가였던 사르트르는 실존주의를 집대성한 인물이에요. 그는 인생을 직면하고 사유하며, 인류의 자유와 운명을 탐구했답니다.

당대 프랑스의 철학자이자 소설가, 극작가였던 사르트르(Jean-Paul Sartre, 1905~1980)는 실존주의를 집대성한 인물이에요. 그는 체계만 중시하고 정작 인간은 소홀히 했던 전통 철학의 이론적 경향을 몰아내고, 현실을 똑바로 바라보고 사유하며, 인류의 자유와 운명을 탐구했답니다.

사르트르의 철학은 사람을 중심으로 구성된 것이었지요. 그는 철학 영역에서 뛰어난 인재였을 뿐만 아니라 문학계에서도 빛나는 별이었어요. 그는 자신의 철학 사상을 자신의 소설과 희곡에 녹여냈으며, 이로 인해 실존주의 철학은 폭넓은 지지를 얻게 되었답니다.

1938년에 출간된 그의 대표작 《구토》는 매우 독창적이고 지극히 개인주의적이며 반사회적인 작품으로, 1943에 출간된 《존재와 무》는 그의 뛰어난 재능과 대가의 면모를 드러낸 작품으로 평가되고 있어요.

사르트르는 한 편의 소설과 같은 인생 속에서 갖은 고난과 역경을 이기고 위대한 사상가가 되었어요. 그의 성격에는 평범함을 역행하는 요소가 있었고, 그 요소는 그의 철학과 인생을 새로운 경지에 이르게 했답니다. 그의 가장 유명한 일화 가운데 하나는 그가 노벨문학상을 거절한 사건이에요. 세상 사람들 눈에는 충분히 유혹적인 명예를 거절한 것이지요. 이에 대해 그는 이렇게 말했어요.

"내가 상을 거절한 것은 어떤 충동적인 행동이 아닙니다. 나는 정부를 통해 주어지는 모든 명예를 거절합니다."

이 일은 세상 사람들의 생각을 뒤집는 너무나도 강렬하고 신선한 충격으로 오래오래 사람들의 뇌리에 남게 되었어요.

1980년 4월 15일, 파리 수만 명의 시민들이 영구차를 뒤를 따라 걷

고 있었어요. 사르트르는 평생 정부를 통해 주어지는 어떤 명예도 거절했기에 당시 프랑스 대통령이었던 데스탱(Valery Giscard d' Estaing, 1926~)도 개인의 자격으로 장례에 참석했답니다. 데스탱은 그 자리에서 "우리 시대의 빛나던 지혜의 별이 떨어졌습니다."라고 말하며 사르트르의 죽음을 애도했지요.

사르트르의 철학에는 아주 선명한 하나의 철학적 주제가 있었는데, 그것이 바로 인간의 자유였어요. 그는 최선을 다해 우리에게 다음과 같은 사실을 증명했답니다.

"인간의 의식이 작용하기 때문에 인간은 나면서부터 자유다. 인간은 끊임없이 질문하고, 부정하며, 초월하고, 선택해야 한다."

사람은 살아있는 한 온전히 자신에게 의지해 자신의 가치를 행동으로 증명해야 해요.

"존재는 본질을 앞선다."라는 명제는 우리에게 깊이 있는 이치를 가르쳐줍니다.

"사람은 행동을 통해 자신의 생명가치를 증명해야 한다."

사르트르는 인간의 본질이 인간의 존재에서 비롯된다고 보았어요. 사람은 애초에 아무것도 갖고 있지 않았어요. 다만 의식이 사람을 자신

의 의지대로 만든 것이죠. 사람이 가진 자주성은 스스로 미래에 되고
싶은 존재물이 되도록 결정합니다. 사람은 충분히 자신을 인식할 수 있
고, 자기가 상상하는 미래의 사물이 될 수 있어요. 사람에게는 처음부
터 스스로 인지할 수 있는 설계도가 있는데, 이 설계도가 있기 전에는
곰팡이나 쓰레기, 꽃, 그 어떤 것도 존재할 수 없지요.

하늘에는 어떤 신도 없고, 땅에는 어떤 지배자도 없어요. 다만 사람
은 의식의 활동을 통해 행동을 선택하는 것이지요. 우리가 지닌 자주성
은 매우 중요합니다. 그렇다면 이 자주성이란 무엇일까요? 사르트르는
이런 자주성을 자유라고 정의했으며, 자유는 자아의 설계이자 선택이
며 성취라고 할 수 있어요.

어떻게 인간은 절대적으로 자유
라고 말할 수 있을까요? 이는 사람
이 살아있는 동안 반드시 선택을
해야 하기 때문이에요. 설사 선택

하지 않는다 해도 그것 역시 선택이지요. 또한 사람은 사는 동안 반드
시 다양한 결단을 내려야만 해요. 어떤 것이든 선택을 해야만 하고, 남
이 하는 대로만 따라한다 해도 그 역시 선택이 됩니다. 그러므로 우리
는 자유롭게 자신의 생존을 설계한다고 말할 수 있어요.

사르트르는 철저한 무신론자였어요. 그의 눈에 전능한 하느님은 존
재하지 않았답니다. 그러므로 우리에게는 영원한 진리도, 절대적인 기
준도 있을 수 없어요. 어떤 이유나 구실을 찾지 못한다 해도 우리는 스
스로 선택하고 계획해야 해요. 또한 의지할 만한 곳을 찾지 못한다 해
도 발생한 모든 일에 대해서 스스로 책임을 져야만 하지요.

어떻게 인간은 절대적으로 자유라고 말할 수 있을까요? 이는 사람이 살아있는 동안 반드시 선택을 해야 하기 때문입니다. 설사 선택하지 않는다 해도 그것 역시 선택이지요.

자유는 이렇듯 선택하지 않으면 안 되는 고통의 경지로 우리를 몰아넣어요. 우리는 온전히 세계의 무게를 감당해야 하며, 이 무게를 가볍게 해주거나 바꿔줄 존재는 없답니다. 어느 순간 우리는 자신이 자유란 것을 발견하게 될 것입니다. 우리에게는 의지할 곳도 도움을 줄 곳도 없으니까요.

사르트르의 제자 중에 반파시즘투쟁으로 형을 잃은 사람이 있었어요. 반파시즘투쟁은 1920년대 후반부터 제2차 세계대전이 끝날 때까지 전 세계적으로 전개된 파시즘 반대 투쟁이에요.

그러나 그의 아버지는 적과 손을 잡았고 부모는 이혼하게 됐답니다. 그 제자는 어머니와 함께 살며 어머니의 상처를 위로하려고 애썼어요. 당시 그는 두 가지 어려운 선택의 기로에 서 있었어요. 한편으로는 저항운동에 참여해 침략자들에게 형의 복수를 하고 민족을 위해 자신을 희생하고 싶었지요. 그러나 다른 한편으로는 어머니의 곁에 머물며 그녀를 위로하고 보살피고 싶었답니다. 그러나 그러려면 반드시 저항운동에 참여하겠다는 생각을 접어야만 했지요. 도무지 갈피를 잡을 수 없던 제자가 스승인 사르트르를 찾아와 가르침을 구했답니다. 사르트르는 이렇게 대답했어요.

"너 스스로 선택하고 결단해야 해. 어떤 보편적인 논리도 너에게 어떻게 해야 한다고 명령하진 않아. 인간 세상사에 미리 알 수 있는 건 없지. 가톨릭에서는 있다고도 하지만, 설사 있다고 한들 네가 어떻게 할지는 자신의 선택에 따라야만 의미가 있는 것이지."

이 사례를 통해 알 수 있듯이 자유는 완벽하게 자신의 일이며, 자아의 선택에는 어떤 기준도 없답니다. 자유는 행동을 의미하고, 이런 자유로운 선택을 통해 인간은 자신과 세계를 발견하게 됩니다. 사람은 절망과 고통을 통해 자유를 경험하고, 진정한 고통은 자유의지에서 비롯되지요. 사람은 자유가 있기에 행복한 것이 아닙니다. 오히려 자유는 인간에게 고통을 가져다줍니다. 모든 일은 알 수 없는 동시에 또한 가능한 것이기에 과거나 현재, 미래와 대면했을 때 인간은 일종의 막연함과 두려움을 느낍니다. 많은 사람들은 이런 고통을 느끼지 않으려고 일

부러 자유를 회피하기도 합니다.

물론 인간의 이런 절대 자유가 마음 내키는 대로 아무 일이나 하라는 뜻은 아니에요. 사실 그런 추상적이고 마음대로 할 수 있는 자유는 존재하지도 않고요. 또한 구체적인 생존 상황을 무시한 자유 역시 존재하지 않는답니다. 인간의 자유는 환경과 신체, 투쟁, 죽음 등 수많은 외부적 요인의 제약을 받게 되요. 예를 들어 인간의 자유는 그의 출생 환경과 신체 상황, 그의 과거의 경력 같은 요소의 제약을 받게 되지요. 흔히 말하는 절대자유란 이런 사실을 대하는 태도나 방식을 스스로 선택할 수 있다는 뜻이에요.

선택에는 대가가 뒤따르기 마련이에요. 모든 사람은 자신의 선택과 행동에 책임을 져야 하지요. 영웅이든 겁쟁이든, 반항이든 굴복이든 선택을 한 뒤에는 사람은 누구나 자신의 행위에 책임을 져야 합니다. 사람은 자신에 대한 책임이 있을 뿐만 아니라 다른 사람에 대한 책임도 있어요. 사람들이 전쟁 중에 벌인 행위가 바로 그 예라고 할 수 있지요.

# 인간은 왜
# 고통을 받을까?

현대인이 좀 더 적극적이고 능동적이며, 더욱 풍부한 창조성을 가지려면 인도주의적인 사회시스템
과 가치관의 변화가 필요해요. 이런 사회 속에서라야 사람들은 서로를 이용하는 것이 아니라 서로
를 보완해 줄 수 있답니다.

아기는 태어날 때 모두 큰 소리로 울어요. 어머니의 따뜻한 자궁을 떠나고 싶지 않아서일까요? 앞으로의 생활이 순탄치 않을 것을 예감한 것일까요? 사람은 왜 눈물을 흘릴까요? 바로 슬프고 고통스럽기 때문이에요.

　우리는 병이 들면 고통을 참을 수 없어요. 또한 우리는 가족이 세상을 떠나면 헤어지기 싫어 슬픔을 느끼지요. 계획이 실패로 돌아갔을 때 우리는 절망해요. 고통과 상심의 정서는 언제 어디서든 우리 주변을 맴돌지요. 세상일은 누구도 예측할 수 없기에 생각지도 못한 충격이 우리를 힘들게 하기도 합니다. 우리는 자라는 동안 다양한 고통과 번민에 시달리게 되요. 질병으로 인한 손상과 충격, 배우자를 잃은 정신적 고통 등 다양한 경험을 하게 되지요. 우리의 인생이란 여정 속에서 기쁨과 고통은 절반씩 나누어 가지게 마련이에요.

고대 그리스 신화에는 불씨를 도둑질한 이야기가 나와요. 이 이야기는 인간 세계의 고통에 대해 생생하게 표현하고 있답니다.

제우스를 주축으로 한 올림포스의 신들이 제우스의 아버지 크로노스를 공격하는 동안, 프로메테우스 형제가 최초의 동물과 사람을 창조하게 됩니다. 그들은 명령에 따라 지상의 동물과 인류를 창조했어요. 프로메테우스는 자신의 동생에게 우선 동물을 만들게 했는데, 그의 동생은 자신도 모르게 날짐승과 들짐승들에게 너무나 많은 능력을 부여하고 맙니다. 비상(飛翔)과 강건함, 민첩함과 용기 등이었지요.

프로메테우스는 동생에게 물었어요.

"자네 대체 인간들에게는 무얼 남겨줄 작정인가?"

그제야 정신을 차린 동생이 대답했지요.

"이런! 좋은 것은 짐승들에게 다 주고 말았잖아."

결국 프로메테우스는 이 실수를 만회할 묘안을 생각해 냈어요.

"불을 인간에게 주면 되겠군."

하늘의 신 제우스는 올림포스 밖으로 불을 가지고 나가는 것을 엄격하게 금지하고 있었어요. 그에게 불은 매우 신성한 존재였기 때문이지요. 그러나 프로메테우스는 흙과 물로 만든 인간들이 고통 받는 것을 원치 않았답니다. 인간의 힘은 너무나 미약했으니까요. 결국 그는 올림포스에 들어가 태양 옆에서 횃불을 하나 붙여 가지고 나와 최초의 인류에게 건네주었어요.

이 일로 프로메테우스는 잔혹한 벌을 받게 됐어요. 그는 산 정상의 커다란 돌에 묶였고, 매일 늙은 매가 찾아와 그의 간을 쪼아 먹었답니다. 그러나 프로메테우스는 죽을 수도 없었어요. 다음날 아침이면 그의 간은 다시 자라났기 때문이지요. 그러나 이 모든 일에 프로메테우스는 분노하지 않았어요. 그는 기꺼이 고통을 참아냈고, 자신이 인류를 위해 얼마나 장한 일을 했는가를 자랑스러워했지요.

이 고대 그리스 신화를 통해 우리는 한 가지 사실을 깨닫게 됩니다. 인간이 살아있는 동안 고통은 사라지지 않으며, 고통을 겪는 괴로움은 인생의 중요한 한 부분이라는 것이지요. 고통이라는 생명의 체험은 어느 누구도 피해갈 수 없어요. 그러나 고통을 대하는 방식은 사람마다 제각각이며, 이는 생명을 대하는 인간의 태도를 드러냅니다.

어떤 사람은 고통 앞에 비관적이고 소극적인 태도를 보이며, 그 고통의 늪에서 벗어나지 못하고 허우적대다가 결국 가라앉고 말아요. 이런 사람은 싸우고자 하는 용기를 잃고 되는 대로 살며 어려움을 회피하려고만 하지요. 더 심한 경우 어떤 사람은 좌절을 만났을 때 지레 자포자기하며 새롭게 일어설 용기조차 내지 못합니다. 그런 사람의 생활태도는 만사에 무관심하며 스스로 나쁜 길로 들어서기도 한답니다.

그러나 어떤 사람들은 고통을 만났을 때 그 고통을 지배할 뿐만 아니라 그 고통을 뛰어넘어 생활의 강자가 됩니다. 과거 중량급 챔피언이었던 한 사내는 경기에서 졌던 경험을 이렇게 털어놓았답니다.

"경기를 한참 치르고 있는데 어느 순간 문득 내가 나이를 많이 먹었다는 생각을 하게 됐어요. 14회가 됐을 때 내 얼굴은 이미 부어오르기

프로메테우스는 이 일로 엄한 벌을 받게 됐어요. 그는 산 정상의 커다란 돌에 묶였고, 매일 늙은 매가 찾아
와 그의 간을 쪼아 먹었답니다. 그러나 프로메테우스는 죽을 수도 없었어요.

시작했고, 온몸은 상처로 가득했죠. 두 눈은 제대로 뜨기조차 어려웠고 나는 간신히 넘어지지 않고 서 있는 정도였답니다. 그때, 흐릿하게 심판이 상대 선수의 오른손을 드는 게 보였죠. 그가 이겼다고 외치더군요. 아, 나는 더 이상 챔피언이 아니었던 겁니다. 울적한 마음에 사람들 사이를 지나 탈의실로 향했죠. 어떤 사람들은 나와 악수라도 하고 싶어했고, 어떤 사람들은 실망한 눈빛으로 물끄러미 나를 바라보며 눈물만 흘렸어요. 일 년 뒤에 다시 상대에게 도전했지만 역시나 실패하고 말았죠. 난 더 이상 그 일이 하고 싶지 않았어요. 이미 너무 힘들고 고통스러웠지요. 하지만 난 여전히 자신에게 말했어요. 앞으로는 과거에 살아선 안 된다! 나는 이 모든 현실과 용감하게 맞서야 한다. 공격을 받는다 해도 실패에 거꾸러질 수는 없다!"

훗날 이 중량급 전 챔피언은 자신의 다짐을 실현했답니다. 그는 자신의 실패를 과감히 인정하고 번민의 늪에서 벗어나 미래의 계획을 짜는 데 모든 정력을 기울였어요. 그는 권투시합을 주선하고 마케팅 하는 일을 통해 큰 성공을 거두었답니다. 그는 의미 있는 일을 하느라 바쁘게 뛰었고, 덕분에 챔피언 시절보다 지금의 생활에 더 기쁨을 느꼈어요. 생활 속에서 고통을 즐거움으로 바꿀 줄 아는 생활의 강자는 사람들의 존경을 받습니다. 독일의 음악가 베토벤은 이렇게 말했어요.

"고통을 즐거움으로 바꿔라."

독일의 음악가 베토벤은 이렇게 말했어요. "고통을 즐거움으로 바꿔라."

# 에덴동산의 전설

사람들은 모두 기쁨과 행복을 갈망하며, 고통과 불행에서 빗겨가기를 바라지요. 그러나 현실은 언제나 참혹하고 무정하기 짝이 없어요. 우리의 인생은 어째서 고난으로 넘쳐날까요? 이런 고난은 대체 어떻게 생겨난 것이죠? 인류는 어떻게 해야 이런 고난 속에서 벗어날 수 있을까요? 수많은 철학자들이 이런 문제를 해결하기 위해 고민해 왔답니다.

그러나 인류의 이런 고민은 쉽게 답을 얻을 수 없었어요. 그래서 우리의 선조들은 신(神)이라는 존재를 이용해 고통의 근원을 설명하려 했죠. 특히 기독교의 《성경》은 '원죄(原罪)'라는 개념을 통해 우리의 인생에 왜 이렇게 많은 고통이 존재하는지를 증명했답니다. 또한 세상을 떠난 뒤 천국에 갈 수 있다는 개념으로 인생의 고난에서 벗어날 방법을 설명했지요.

《성경》에서 말하길 하느님은 천지만물을 창조하신 뒤 자신의 형상에 따라 인간을 창조했고, 그들에게 신령한 기운을 불어넣어 다른 생물보다 위에 있게 만드셨지요. 즉, 인간이 자연을 이용하고 다스리게 하셨답니다. 그 덕분에 하느님이 창조하신 인류의 조상 아담과 하와는 에덴동산에서 행복하고 즐거운 생활을 했어요.

《성경》 속의 에덴동산은 행복한 이상적 왕국을 상징합니다. 에덴동산은 지저귀는 새소리와 아름다운 꽃들이 만발한 곳으로, 사람들은 먹을 것도 입을 것도 전혀 걱정할 것이 없었답니다. 아담과 하와는 숲속에서 서로를 쫓으며 장난을 쳤고, 나무그늘 아래서 땀을 식혔으며, 아름다운 꽃을 꺾고, 탐스러운 과일과 맛있는 샘물을 마시며 자유롭게 살았어요.

그러던 어느 날, 간사한 뱀의 꼬임에 넘어간 하와가 하느님의 명령을 어기고 '지혜의 나무'에 달린 열매를 따먹고 말았답니다. 지혜의 열매를 먹은 아담과 하와는 부끄러움을 알게 되었고, 그들에게는 지혜와 욕망이 생겨났지요. 그들은 무엇이 선이고, 무엇이 악인지 분별할 수 있게 되었답니다.

이 일을 알게 된 하느님은 크게 분노하며 아담과 하와를 에덴동산에서 쫓아내고 두 사람에게 벌을 내리셨어요.

하와에게는 잉태를 하고 아이를 낳는 고통, 그리고 남편의 다스림을 받는 벌을 주셨고, 아담에게는 평생 밭을 일구고 땀을 흘려야만 가족을

그들은 무엇이 선이고, 무엇이 악인지 분별할 수 있게 되었답니다.

먹여 살릴 수 있다고 하셨지요.

　그날 이후로 인류에게 에덴동산과 같은 좋은 시절은 다시 오지 않았
어요. 아담과 하와의 자손들은 조상이 남긴 원죄 때문에 고통과 슬픔,
근심으로 가득한 인생을 견뎌야만 했지요. 사람들은 오직 하느님의 용
서를 바라며 다시 천국에 들어가 행복한 생활을 하고 싶어 했어요.

　인류의 시조가 에덴동산에서 쫓겨난 이야기는 기독교에서 인류의
고난이 어디에서 왔는가를 설명하는 교리였어요. 그렇다면 인류는 어
떻게 해야 이런 고난에서 벗어날 수 있을까요?

　중세 유럽의 스콜라 철학을 대표하는 이탈리아의 신학자 토마스 아
퀴나스(Thomas Aquinas, 1225~1274)는 사람이 현세에서 짧은 행복을 얻
을 수는 있지만, 이런 행복은 인생의 목표가 아니며 가장 높은 수준의
행복도 아니라고 주장했어요. 인류의 시조인 아담과 하와가 범한 인간
의 원죄 때문에 우리는 이미 천국에서 누릴 수 있
는 최고의 행복을 잃어버렸으니까요. 인간은 이미
자신의 노력만으로는 이런 행복에 이를 수 없으
며, 반드시 하느님의 도움을 받아야 고난에서 벗
어날 수 있다는 것이었지요.

　같은 시대의 신학자인 아우구스티누스는 세상
의 고난에서 벗어나려면 감정을 들끓게 하는 '사
랑'이 필요하다고 주장했어요. 그것은 바로 신앙
으로, 이 신앙을 통해 인생의 고난에서 벗어날 수
있다는 것이지요. 기독교인들이 교회 안에서 하나

가 되었을 때, 사람들이 한 목소리로 하느님을 찬송할 때, 사람들이 생활 속 어디에나 존재하는 하느님을 느낄 때 사람의 영혼은 정화되어 자비로운 마음을 얻게 되고, 현실세계의 재물과 향락의 혼란에서 벗어날 수 있는 것이지요. 기독교에서는 하느님을 믿기만 하면 육체의 속박에서 벗어나 천국으로 들어갈 표를 얻게 된답니다.

중국 고대의 철학자 노자와 장자는 고통의 근원에 대해 깊이 있는 해석을 내놓았어요. 장자는 〈천도(天道)〉편에서 이렇게 말했어요.

"그 삶은 천체의 움직임과 같고, 그 죽음은 물질의 변화와 같으니 그가 고요할 때에는 음과 같은 덕을 지니게 되고, 움직일 때에는 양과 같은 율동을 지니게 된다."

이는 인류의 시작이 매우 소박하고 자연스러웠음을 의미해요. 대자연이 모든 것을 허락했기에 사람들은 한가롭게 배불리 먹고 만물과 함께 성장하며 야생의 사슴처럼 자유롭게 살면 그만이었으니까요. 그때의 사람들은 풍부한 지혜도 지나친 속셈도 없었기에 서로를 속이지 않았고, 재밌게 놀고 편안히 자며 즐겁게 생활했기에 어떤 고민이나 근심이 없었답니다. 장자는 이런 행복을 '천락(天樂)'이라고 불렀어요. 천락이란 말은 하늘의 도리에 맞는 즐거움이란 뜻이에요.

그런데 훗날 성인(聖人)이 나타났고 사람들의 지혜를 일깨웠답니다. 그는 사람들에게 여러 재능을 가르쳤고, 그들이 공명과 이익을 취하도록 했지요. 또한 성인은 인의예악(仁義禮樂)과 같은 제도를 만들어 인간을 두루 통제하기 시작했답니다.

그때부터 인류에게는 경쟁과 투쟁이 생겨났고 자연스럽게 고난도 찾아왔어요. 만약 우리가 천락을 얻어 고통을 없애고 싶다면 세상의 재물과 권세, 욕망 등을 멀리하고 순수한 자연의 상태로 돌아가야 해요.

노자는 인류가 추구해야 할 행복의 이상향을 '소국과민(小國寡民)'이라는 개념으로 그려 냈어요. 소국과민이란 작은 나라에 적은 백성, 즉 문명의 발달 없는 무위(無爲)와 무욕(無慾)의 이상사회를 이르는 말이에요.

기독교의 《성경》이나 노장(노자와 장자)의 자연의 이상향으로 회귀하자는 주장 모두 인류의 생활에 대한 묘사이자 해석이며, 인류의 이상을 반영한 것이라 볼 수 있어요. 사람들이 어른이 된 뒤에 아무

인류의 시작은 매우 소박하고 자연스러웠어요. 대자연이 모든 것을 허락했기에 사람들은 한가롭게 배불리 먹고 만물과 함께 성장하며 야생의 사슴처럼 자유롭게 살면 그만이었으니까요.

근심이나 걱정이 없던 어린 시절을 그리워하는 것처럼 말이에요.

# 고통의
# 바다

고타마 싯다르타(Gautama Siddhartha, BC 563경~BC 483경)는 인도 코살
라 왕국의 왕자였어요. 그의 아내는 아름답고 부유한 공주였지요. 어
느 날, 스승이 자리를 비운 사이 그는 처음으로 몰래 혼자 성 밖으로 나
가 일반 백성들이 사는 곳에 가서 놀았답니다. 그때 그는 우연히 나무
아래 비몽사몽으로 앉아있는 비쩍 마른 노인을 보게 되었어요. 노인의
눈은 멍하게 땅을 향하고 있었고 그의 손은 바르르 떨리고 있었답니다.
잠시 후, 어느 집 앞을 지나게 된 싯다르타는 안에서 들려오는 무서운
소리를 듣게 됐어요. 그가 창문 너머 안을 들여다보니 더럽고 어두운
방 안에는 병으로 고통 받고 신음하는 사람들의 무리가 바닥에 누워 있
었답니다.

그날 밤, 싯다르타는 인생에 대해 새로운 깨달음을 얻게 되었어요.
진정한 생활은 즐거움의 연속이 아니라 수많은 고통과 실망을 대면해

야 하는 것이었답니다. 몇 주 동안 고민에 고민을 거듭하던 싯다르타는 영원히 왕궁을 떠나 고행하는 승려가 되겠다고 선언했어요. 그리고 오랜 기간 동안 고통스러운 수행을 하던 끝에 결국 그는 병을 얻고 말았답니다. 그러나 그의 마음속의 신념이 그의 건강을 회복시켜주었지요.

그때부터 그는 좌선을 한 채 침묵 속에서 인생의 깨달음을 구했고, 마침내 훗날 세계에 널리 전파된 불교의 기본적인 교리를 세우게 됐답니다.

여기서 좌선이란 두 다리를 포개 가부좌를 하고, 사려분별을 끊어 정신을 집중하여 무념무상의 경지에 들어가는 수행 방법을 말해요.

불교신앙의 시조가 된 싯다르타는 인간의 생명을 고통의 과정이라고 주장했어요. 어떤 일생을 보냈

불교신앙의 시조가 된 싯다르타는 인간의 생명을 고통의 과정이라고 주장했어요.

든 인생은 모두 고통의 체험입니다. 이를테면 겁쟁이로 살든 용감하게 살든, 평범하게 살든 뛰어나게 살든, 인생의 모든 즐거움을 누렸든 욕망을 절제하며 살았든 아무런 차이가 없답니다. 인생에서 길게 지속되는 즐거움은 얻을 수 없을뿐더러 고난의 체험 역시 피할 길이 없어요.

"사람은 이 세상에 와서 어떤 큰 즐거움도 누릴 수 없다. 힘겹게 왔다가 힘겹게 갈 뿐, 얼마나 고통스럽고 짧은 인생인가, 슬프도다!"

예로부터 이런 인생의 슬픔은 벗어나려고 해도 벗어날 수 없었지요.

불교는 인생을 극한의 고통으로 보았어요. 불교의 기본적인 교리 가운데 하나로 유명한 사제설(四諦說)은 아함경에서 가르치는 법 가운데 하나로 네 가지 높은 깨우침인 고제(苦諦), 집제(集諦), 멸제(滅諦), 도제(道諦)를 뜻해요. 여기서 불교가 말하는 '제(諦)'는 진리를 가리킵니다. 고제란 인생에서 겪게 되는 고통의 실상을 말하며, 집제란 고통의 원인을, 멸제란 고통을 몰아낼 수 있는 필연을, 도제는 고통을 몰아내는 방법을 가리키지요. 물론 사제 가운데 가장 앞자리는 고제의 몫이에요. 고제는 다시 말해 인간의 생명은 어떻게든 고통에 시달릴 수밖에 없다는 뜻이에요. 세계는 언제나 변화하고 진정한 평온이란 없으며, 인간은 자아를 지배할 수 없기에 끝없는 고통을 받게 됩니다. 그러므로 인간 세상에는 안락이 없으며 고통만 존재해요. 결국 인생의 본질은 고통인 셈이지요.

불교에서 말하는 고통은 종류가 다양해요. 과연 어떤 것들이 있는지 살펴볼까요? 불교에서는 생로병사 등의 생리적 고통 외에도 사회적 모순의 고난을 겪어야 한다고 이야기해요. 또한 고통은 육체적인 고통뿐만 아니라 정신적인 고통도 포함해요. 일반적으로 고통은 이고(二苦),

삼고(三苦), 사고(四苦), 팔고(八苦)로 나뉩니다.

　이고는 내고(內苦)와 외고(外苦)를 가리켜요. 내고는 신체적
이고 생리적인 질병의 고통과 감정과 사상 등의 사이에서 벌어
지는 모순적인 상황을 포함하고, 외고는 세상에서 일어나는 여
러 가지 재난과 재앙을 말해요.

　삼고 가운데 첫 번째는 고고(苦苦)로 괴로운 일을 당하게 되어 느
끼게 되는 고통을 말하며, 배고픔과 목마름, 추위와 더위 등의 고
통을 포함합니다. 두 번째는 괴고(壞苦)로 세상일이 변화할 때 느끼
는 고통을 말하며, 부유한 사람이 가난하게 될 때 느끼는 고통 등을
포함합니다. 세 번째는 행고(行苦)로 생각이 흘러가는 데서 느끼는
고통을 말하며, 사물의 변화가 무상하기에 오래 붙잡아둘 수
없는 데서 오는 고통을 포함합니다.

　사고는 인간의 생로병사를 가리키며, 팔고는 여기
에 싫어하는 것과 함께 할 때 느끼는 괴로움, 좋아하
는 것과 헤어지게 됐을 때 느끼는 슬픔, 무언가 필요할
때 그것을 만족시킬 수 없는 데서 오는 고통, 사람 자체
가 고통의 집합이며 생명과 생존이 모두 고통이라는 개
념을 보탠 것이에요.

　불교를 믿는 사람들에게 인생은 고통의 과정이에요. 사
람들은 즐거움보다 고통을 더 많이 느끼며, 즐거움 역시 고
통의 특수한 표현에 지나지 않는 것이며, 모든 쾌락은 고통이
라는 기초 위에 세워집니다.

　그렇다면 쾌락이란 무엇일까요? 불교에서는 고통을 몰아낸

것을 쾌락이라고 말해요. 예를 들어 오랫동안 병으로 고통 받은 사람이 우연히 특효약을 얻어 병을 고치고 건강을 회복하게 되었어요. 그렇다면 그 사람은 분명 말로 다 할 수 없는 기쁨을 느낄 것입니다. 그러나 만약 그에게 병이 없었다면, 병으로 고통 받지 않았다면 이런 기쁨을 누린다는 것은 있을 수 없는 일이지요.

불교의 교리에 따르면 진정으로 오랫동안 누릴 수 있는 쾌락은 없어요. 무언가 있다면 그것은 고통의 다른 허상일 뿐이지요. 불교에서는 인생은 고통으로 가득한 바다와 같아서 기댈 곳이 없으며, 인생의 고난은 바퀴와 같아서 회전하며 영원히 멈추지 않는다고 주장해요. 사람은 지금의 생에서 고통 받을 뿐만 아니라 전생에도 내생에도 고통에서 벗어날 수 없어요.

그렇다면 인생에는 왜 이렇게 많은 고통이 넘쳐나는 걸까요?

불교는 그 원인을 '집(集)'에서 찾아요. '집'은 번뇌를 불러일으킵니다. 사람은 몸과 입, 코와 눈, 뜻 등의 방면에 욕망을 갖고 있으며, 이를 다섯 가지 욕망, 즉 오욕이라고 불러요.

그리고 오욕은 다시 내외로 나뉘는데 외오욕은 눈은 아름다움을 추구하고, 귀는 고운 소리를 듣고 싶어 하고, 코는 좋은 향기를 좋아하는 것 등을 가리켜요. 바로 이런 욕구가 만족되지 않을 경우 번뇌가 생겨나는 것이지요.

내오욕은 배가 고프면 먹고 싶고, 목이 마르면 물을 마시고 싶고, 재물을 탐하고, 편안하게 잠을 자고 싶어 하는 것들을 말하는데 이런 욕구가 만족되지 못할 경우 자연스럽게 고통이 생겨나지요.

인생에 이렇게 많은 고통이 존재한다면 도대체 어떻게 해야 이 고통에서 벗어날 수 있을까요? 불교는 사람들에게 한 가지 길을 제시하는데, 그것이 바로 '도제'와 '멸제'입니다. 그 가운데 도제는 고통을 없애는 바른길로 안내해주지요.

석가모니는 당시 환영을 받던 인생의 고통에서 벗어나기 위한 주장이나 고행주의 식의 자아학대를 반대했어요. 그는 단순한 금욕은 아무 가치도 없고 쓸모도 없다고 주장했어요. 마찬가지로 감각기관의 쾌락을 추구하는 쾌락주의도 반대했어요. 이런 식으로는 고통에서 벗어날 수 없으니까요. 그는 사람들에게 신을 믿거나 기도를 하며 제사를 지낼 것을 요구하지 않았어요. 그렇게 한들 고난을 벗어나는 데 아무 도움도 되지 않으니까요. 또한 석가모니는 골똘히 깊이 사색하는 것에도 반대했어요. 우주와 만물의 시작과 끝에 대해 아무리 심사숙고해도 별다른 결론을 얻을 수 없을 테니까요.

결국 그는 사람이 고통에서 벗어날 수 있는 여덟 가지의 방법, '팔정도(八正道)'를 제시했어요.

전설에 따르면 석가모니는 녹야원에서 처음으로 사람들에게 설법을 했는데, 이곳에서 석가모니는 수행에 의해 진리를 체득하여 불교에서 미혹과 집착을 끊고 일체의 속박에서 해탈한 최고의 경지인 열반(涅槃)에 이를 수 있는 여덟 가지 방법에 대해 이야기했답니다. 이를 바로 팔

사람은 고통에서 벗어나기 위해 반드시 여덟 가지의 방법을 실천해야 하는데, 이를 '팔정도'라고 해요.

정도라고 부르며 다음과 같이 나눌 수 있어요.

1. 정견(正見) - 악한 사물을 구별해낼 줄 아는 눈
2. 정어(正語) - 남을 비방하지 않고, 거짓말하지 않기
3. 정업(正業) - 살생을 하거나 도둑질을 하며 음란한 일을 하지 않기
4. 정명(正命) - 불교의 가르침에 따라 사는 것
5. 정정진(正精進) - 선한 것과 해탈을 위해 노력하기
6. 정사(正思) - 올바르게 생각하기
7. 정념(正念) - 올바로 기억하고 생각하기
8. 정정(正定) - 올바로 마음을 안정하기

이 팔정도에 따라 살면 고통에서 벗어나 인생의 이상적인 경지인 열반에 오르게 되는 것이에요.

동양이든 서양이든 종교는 인생을 '고난의 장'으로 여겨요. 그들의 목적은 사람들이 현재의 모든 것을 포기하고 내세를 추구하기를 바라는 것이지만, 종교가 어느 정도 인류의 역사를 반영하는 것은 사실이에요. 특히 현실 사회에서 몸소 겪게 되는 많은 고통이 있었기에 사람들은 이런 종교를 받아들이고, 종교는 사람들에게 큰 영향력을 끼치게 된 것이지요.

# 욕망의
# 함정

서양 철학자 가운데는 불교에 관심을 보인 사람들이 많은데요. 그 중에
서도 손꼽히는 사람이 독일의 염세주의 철학자 쇼펜하우어(Arthur
Schopenhauer, 1788~1860)입니다. 그 역시 인생은 고통의 연속이라고
보았으며, 우리의 인생 위에 비극적인 색채를 덧입혔답니다. 어떻게
해야 진정으로 인생의 고난에서 벗어날 수 있는가 하는 문제가 그의 염
세주의 철학의 사상적 기초가 되었지요.

쇼펜하우어의 일생은 욕망과 찌르는 듯한 고통으로 뒤얽혀 있었으
며, 그의 삶에는 평생 비정함이 묻어났어요. 특히 그는 자신의 출생에
대해서조차도 "나의 일생은 아무 쓸모없는 삽입 페이지 같은 것이었
다."라고 말할 정도로 유감을 갖고 있었답니다.

쇼펜하우어의 아버지는 부유한 상인이었고, 어머니는 아버지보다

스무 살이나 어렸답니다. 그의 어머니는 누구나 인정하는 사교계의 꽃으로 자신의 아들에게 별 관심이 없었어요. 결국 쇼펜하우어는 어머니에게 무관심하면서도 동시에 증오를 품게 됩니다.

쇼펜하우어가 열일곱 살이 되던 해에 아버지가 세상을 떠났어요. 자살이라는 설도 있지만 확실치는 않아요. 그는 아버지에게서 많은 유산을 물려받았지만 그렇다고 기쁘지는 않았어요. 쇼펜하우어의 어머니는 종종 아들에게 '인간 세상의 고난'에 대해 불만을 터뜨렸다고 해요. 훗날 그는 이런 말을 했답니다.

"나는 특별히 정규교육을 받아본 적이 없다. 그러나 석가모니처럼 아프고 힘들고 늙고 죽어가는 인생의 고통을 보았다. 이 세계는 사람들을 위해 만들어진 것이 아니라 마귀의 작품이다. 그는 사람들이 고통 받는 것을 즐기기 위해 사람들을 세상에 데려왔다."

1819년, 그는 일생의 역작인 《의지와 표상으로서의 세계(Die Welt als Wille und Vorstellung)》를 출간하게 됩니다. 그는 책에서 이렇게 말했어요. '모든 인생의 역사는 고난의 역사다.' 이 책은 그와 같은 운명을 공유했어요. 나온 지 1년이 넘도록 관심을 받지 못한 그의 책은 고작 백여 권 밖에 팔리지 않았답니다.

1820년, 베를린대학의 임시교수가 된 쇼펜하우어는 당시 선풍적인 인기를 끌던 헤겔과 경쟁하려고 자신의 강의를 일부러 헤겔과 같은 시간에 개설해요. 그러나 그의 강의실은 파리만 날렸고, 옆 동 헤겔의 강의실은 학생들로 넘쳐났지요. 그나마 얼마 지나지 않아 쇼펜하우어의 강의는 폐강되고 말았어요. 그는 그 일로 무척 분노했고 다시는 학술계에 어떤 희망도 품지 않았어요.

쇼펜하우어는 말년에 프랑크푸르트에서 생활했어요. 1860년, 그의 건강은 극도로 나빠졌고, 점점 인생의 종점을 향해 달려가고 있었죠. 그는 말했어요.

"얼마 지나지 않아 벌레들이 내 몸을 다 갉아먹을 걸 생각해도 참을 수 있다. 그러나 어줍지 않은 철학교수란 작자들이 내 철학을 모두 갉아먹을 걸 생각하면 너무나 두렵다."

9월 초 어느 날, 산책을 마치고 집으로 돌아온 쇼펜하우어는 가쁜 숨을 몰아쉬더니 이내 숨을 거두고 말았어요.

쇼펜하우어는 어머니와 전혀 연락을 하지 않았고 결혼도 하지 않았어요. 당연히 마음을 나눌 만한 친구나 인연이 있는 사람도 없었답니다. 게다가 그는 종종 집주인할머니와 크게 싸웠어요. 그는 완벽하게 외로운 사람이었고, 부조리한 세상에 분노하며 자주 공포와 불안에 휩싸였답니다. 그는 자신에 대해 남들은 인정하지 않는 편집적인 망상을 갖고 있었어요. 세상에 이름을 알리지 못했던 쇼펜하우어는 마음속으로 눈을 돌려 자신의 영혼을 괴롭혔지요. 그의 이런 비참한 일생은 자신의 염세주의 철학을 완성하는 데 결정적인 역할을 하게 됩니다.

그는 늘 인생은 고통과 불행이라고 생각했어요. 그리고 이런 고통과 불행의 근원은 인간의 생존의지에 있었지요. 이런 생존의지는 사람에게 있는 맹목적인 충동과 끝없는 욕망을 가리킵니다. 바로 이런 충동과 욕망이 생명의 본질인 고통을 결정해요. 사람들은 모든 것을 소유하고 싶어 하며, 그도 안 된다면 모든 것을 통제할 수 있기를 바랍니다. 그러나 이런 욕망은 대개 이루어지기 어렵고, 사람은 더욱 강하게 자신을 파멸로 몰고 가지요.

인간의 충동과 욕망은 끝이 없어요. 하나의 욕망이 만족되면, 바로 다른 욕망이 생겨나지요. 만족은 잠시뿐 욕망은 계속됩니다. 그러므로 인간은 오랫동안 행복할 수 없어요. 모든 만족은 또 다른 욕망의 출발점일 뿐이지요. 욕망은 자신의 상황에 만족하지 못할 때 생겨나며, 불만은 고통을 불러일으킵니다. 욕망이 만족되지 못할 경우 인간은 고통 받게 되고, 욕망은 언제나 쉽게 실현되지 않으며 많은 장애를 만나 투쟁을 벌이게 됩니다. 이럴 경우 끝없는 고통이 생겨나는 것이지요. 설사 욕망이 만족되었다 해도 인간은 허무와 염증을 느끼게 되며, 이 또한 고통일 뿐이에요. 그러므로 인생은 고통과 무료함 사이를 반복해서 오가는 시계추와 같은 것이지요. 결국 고통과 무료함은 인생을 구성하는 마지막 두

인생은 고통과 불행의 도미노와 같다.

가지 요소라고 할 수 있어요.

인생은 고통과 불행의 도미노와 같아서 현재 눈앞에 고통이 지나가면 문밖에 또 다른 고통이 기다리고 있어요. 만약 이 고통이 이 자리를 차지하지 않는다면, 바로 다른 고통이 그 자리를 차지하게 됩니다.

사실 행복이란 것 역시 부정적인 의미입니다. 행복이란 한 가지 소망에 대한 만족에 불과하며, 만족한 뒤에는 다시 행복한 느낌을 가질 수 없으니까요. 행복의 본질은 고통으로부터의 도피이며, 사람들은 원래의 고통에서 벗어나게 됐을 때 잠시 행복을 느끼지만 이런 행복은 새로운 고통을 만나게 되며, 사람은 다시 고통스러운 상황에 빠지게 됩니다. 인생의 본질은 복잡다단한 고통이며, 하나하나가 불행한 상황일 뿐이에요. 결국 이를 통해 쇼펜하우어는 이런 결론을 얻었어요. "인생은 한 편의 비극이다."

인생이 어쩔 수 없는 고통과 불행으로 만들어진 것이라면 우리는 어떻게 해야 고난 가운데서 벗어날 수 있을까요? 이 문제에 대해 쇼펜하우어는 '의지의 전환'이라는 개념을 통해 해결책을 제시했어요. 바로 자신의 생존의지를 내버려둔 채 실제로 어떤 사물과도 접촉하지 않으며, 마음속 모든 사물에 대해 냉정한 태도를 유지하도록 노력하는 것이지요.

쇼펜하우어는 세 가지 방법으로 고통에서 벗어날 수 있다고 주장했어요.

쇼펜하우어는 다음 세 가지가 그 좋은 실천방법이라고 주장했어요.

1. 철학연구에 몰두하라. 철학은 가장 이지적인 활동이며, 이성과 지혜는 의지를 완화시키고, 지식은 욕망을 가라앉힐 수 있답니다.

2. 예술창작에 열중하라. 예술은 스스로 물질적인 이익을 잊게 하고 욕망의 노예가 되는 것을 막아줍니다. 예술을 통해 번뇌와 고통에서 벗어나게 되는 것이지요. 그러나 이를 실천할 수 있는 사람은 몇몇 천재들에 불과합니다.

3. 종교 특히 불교를 믿어라. 이는 가장 보편적이고 효과적인 방법으로 종교를 가진 사람들은 직감에 따라 사물을 융화하고 고통에서 철저히 벗어날 수 있어요.

# 문명의
# 공격

1920년대에 '로섬의 만능로봇'이란 공장이 있었어요. 이 공장에서는 다양한 종류의 로봇을 생산해냈고, 공장장과 설계자들은 그들이 만든 로봇이 우리 인류를 대신해 많은 일들을 도울 수 있기를 바랐죠. 그들은 로봇이 인류를 행복하게 해주리라고 굳게 믿었답니다. 공장이 막 문을 열었을 당시에는 공장 사람들 모두 로봇의 생산과 발전 가능성에 대해 낙관적이었지요.

모두가 노력을 거듭한 끝에 얼마 뒤 밀과 옷감을 만들어내는 로봇이 생산되었어요. 또한 얼마 지나지 않아 인류가 필요로 하는 모든 것을 생산하는 로봇들이 만들어졌답니다. 그 덕분에 모든 상품은 가격이 사라졌고 사람들은 자신이 필요한 만큼 가질 수 있게 되었어요. 가난은 사라졌고 사람들은 일할 필요가 없게 되었죠. 모든 일은 기계가 대신하게 되었답니다. 사람은 그저 자신이 하고 싶은 일을 하면 그만이었고

요. 사람들은 자신을 위해 즐겁고 행복하게 살기만 하면 됐지요.

공장의 발상은 그야말로 기가 막힌 것이었어요! 로봇이 생겼으니 사람은 어떤 목표라도 세울 수 있었어요. 그러나 모든 일이 그들이 생각한 것처럼 순조롭게 흘러간 것은 아니었습니다. 로봇의 생산이 늘어나자 수많은 로봇이 생겨났고, 그들은 사람의 통제를 받지 않으려고 반란을 일으켰답니다. 그들은 공장 사람들을 모두 죽이고 전 인류를 멸망시키려 했어요. 로봇 마리우스는 큰소리로 선포했어요.

"전 세계의 로봇들이여! 우리가 인간의 정권을 뒤엎었다. 우리는 공장을 장악하고 모든 것을 손에 넣었으며 인류는 이미 정복되었다. 새로운 세계가 열렸다! 로봇의 정권이 시작되었다!"

이 이야기를 보고 있자니 공포와 두려움을 느끼게 되나요? 미래사회가 정말 이런 로봇들의 세상이 되면 어쩌나 걱정이 되나요? 다행히도 이 이야기는 체코의 작가 카렐 차페크(Karel Capek, 1890~1938)의 《로섬의 만능로봇》이라는 공상과학 희곡의 일부일 뿐이에요. 카렐 차페크는 20세기 체코 문학에서 가장 중요한 작가 가운데 하나로 로봇이란 말을 처음 사용한 사람이랍니다. 당연히 이 이야기는 과장된 경향이 있지만

새로운 세계가 열렸다! 로봇의 정권이 시작되었다!

과학기술의 발전에 대한 작가의 염려가 드러난 것만은 분명해요. 또한 이런 염려는 어느 정도 일리가 있기도 하고요.

20세기 초, 상대론과 양자역학의 수립으로 물리학계는 전체적으로 커다란 변화를 맞게 됩니다. 뒤이어 유전자 프로젝트와 핵동력 기술, 전자기술의 발전으로 인류의 생존환경은 끊임없이 그리고 빠르게 변화하게 되었지요. 또한 현대과학기술은 정보론과 억제론, 계통론, 돌연변이론, 협동론, 소모구조론 등 새로운 과학이론을 낳았고, 이런 이론들은 과학기술의 빠른 발전을 촉진했어요.

과학기술이 빠르게 발전하면서 기계와 핵은 인력과 물력을 대체했고, 컴퓨터는 인간의 뇌를 대신하게 되었지요. 불과 1백년 사이에 과학기술은 인류를 위해 엄청난 물질자산을 창조해냈고, 이는 인류 역사상 한 번도 없던 일이었지요. 급격한 생산력의 발전과 공업의 진보는 과학기술이면 못할 게 없다는 믿음을 갖게 했답니다.

과학기술의 커다란 진보는 사람들의 생활환경에도 좋은 영향을 끼쳤어요. 그러나 사람들은 이런 빠른 과학기술의 발전에 대해 조금 복잡하고도 미묘한 감정을 품고 있었어요. 특히 20세기 초 많은 서양지식인들은 과학기술의 발전에 대해 비관적이거나 부정적인 태도를 갖고 있었어요. 로봇이 반란을 일으킨다는 이야기가 바로 그런 심리를 반영한 좋은 예라고 할 수 있지요.

당시 미국의 유명한 철학자였던 마르쿠제(Herbert Marcuse, 1898~1979)는 1964년에 고도산업사회의 문제점을 지적한 《일차원적 인간》이란 책을 발표하고, 과학기술의 발전과 현대인의 생존환경에 대한 깊이 있는 사색을 소개했어요.

그는 현대사회 특히 공업이 발달된 서양사회를 병들어 있는 사회라고 주장했어요. 기술합리화의 개념은 이미 사람들의 다양한 생활 속으로 스며들었고, 덕분에 사회는 일차원이 되어버리고 말았죠. 그래서 현대인들 역시 '일차원적 인간'이 된 것입니다. 또한 인간의 사상은 '일차원적 사상'이며, 문명사회 역시 '일차원적 사회'가 된 것이고요. 이런 일차원성의 구체적인 모습은 다음과 같아요.

"인간은 본래 기계의 주인이었으나 현재는 기계가 인간을 지배하게 되었다. 주인은 노예가 되고 인간은 진정한 자유를 잃어버렸다. 과학기술은 현대인들의 생활방식을 뒤바꿔 인간을 물질과 향락을 쫓는 '경제인'으로 만들어버렸다. 인간은 더 이상 이상적인 세계를 추구하지 않게 되었다."

현대사회는 라디오, 영화, TV, 신문, 광고 등의 선진화된 전파수단을 이용해 사람들의 사유방식을 통제하며, 인간의 판단력을 잃게 만들

현대사회는 선진화된 전파수단을 이용해 사람들의 사유방식을 통제하며, 인간의 판단력을 잃게 만들었지요. 덕분에 사람들은 이런 매체의 조종과 제어를 받는 신세가 되었어요.

었지요. 덕분에 사람들은 이런 매체의 조종과 제어를 받는 신세가 되었어요. 인간은 가짜가 되었고 기계가 되었으며, 영원히 순종하며 사는 자아를 가지게 되었지요. 이런 자아는 사실 가면을 쓴 '나'이자, 걸어다니는 시체이며, 속빈 강정과 다름없어요.

게다가 현대사회는 갈수록 강렬한 공격성을 표출하게 됐어요. 다양한 형식의 전쟁이 전 세계 곳곳에서 발생하는 것을 보세요. 작은 규모의 국지전은 둘째치더라도 두 차례의 세계대전이 이 사실을 증명해주지요. 전쟁은 사람들의 생명과 재산 그리고 정신에 커다란 악영향을 끼쳤어요. 모든 사회의 호전적 경향이 사람들의 정신에 부담을 주었지요. 과학의 발전으로 생태환경 역시 큰 위기를 맞게 됐고요. 폭발적인 인구증가와 자원의 부족, 환경오염의 가중 등이 그 예이지요. 어떤 의미에서 과학의 발전과 기술의 응용은 환경의 희생을 대가로 얻어낸 성과랍니다.

문명이 인류의 존재와 발전을 오히려 위협한 것이에요. 물질이 풍부해질수록 오히려 정신은 빈곤하게 됐지요. 사람들의 생활방식에는 큰 변화가 일어났어요. 빠른 생활리듬 속에 모든 것은 순식간에 변화하고 요지경 속 같은 세상은 사람의 머리를 어지럽게 만듭니다. 제대로 숨을 내쉬기도 어려울 지경이지요. 사람들에게는 패스트푸드 문화를 선택하는 것 외에는 뾰족한 수가 없어요.

현대사회에서 기술전문가들은 사회의 중요한 통치자와 조종자가 되었어요. 그들은 자신의 전문 분야에서 출발해 점점 사람들을 커다란 기계의 부

현대인은 깊은 고독과 억압, 근심에 시달리게 됐답니다. 많은 사람들이 외로움을 달래려고 애완동물을 키우기 시작했지요.

속품으로 만들고 있어요. 모든 문제는 기술의 문제로 치부되었지요.

동시에 사람들의 생활관과 가치관에도 생각지 못한 변화가 발생했어요. 관념의 부적응과 심리의 허전함 때문에 사람들의 정신은 피폐해지기 시작했지요. 각종 범죄현상이 꾸준히 늘어났고, 현대인은 깊은 고독과 억압, 근심에 시달리게 됐답니다. 많은 사람들이 외로움을 달래려고 애완동물을 키우기 시작했지요. 사람과 사람 사이의 관계는 그 유효기간이 갈수록 짧아졌어요. 사람들은 쉽게 사람을 만났다가 쉽게 헤어지게 됐답니다. 그들은 남들과 쉽게 친해졌다가 또 쉽게 잊어버리게 됐어요. 인간관계의 변화 속도 역시 갈수록 빨라지고 있는 셈이지요.

20세기의 유명한 독일계 미국 철학자이자 사회심리학자인 프롬(Erich Fromm, 1900~1980)은 현대사회의 다양한 모순의 충돌에서 벗어나려면 현대인의 이화현상을 철저히 제거해야 한다고 주장했어요. 이화란 성질, 양식, 사상 따위가 서로 달라지는 것을 말해요.

현대인들은 풍부한 물질생활뿐만 아니라 충실하고 건전한 정신도 함께 누릴 수 있어야 해요. 정치와 경제, 문화, 교육 등 모든 방면에서 인도주의적인 개혁이 실현될 때 진정으로 건전한 사회도 수립될 수 있어요. 현대인이 좀 더 적극적이고 능동적이며, 더욱 풍부한 창조성을 가지려면 인도주의적인 사회시스템과 가치관의 변화가 필요해요. 이런 사회 속에서라야 사람들은 서로를 이용하는 것이 아니라 서로를 보완해 줄 수 있답니다.

# 사람에게는 왜 신앙이 필요할까?

현대문명은 인류에게 풍부한 물질적 성과를 안겨주었지만, 동시에 수많은 정신적 불안도 가져다주었어요. 바로 이런 시대에 필요한 것이 신앙이며, 정신적으로 의지할 피난처가 되어줍니다.

러시아 문학의 대가 톨스토이(Lev Nikolayevich Tolstoy, 1828~1910)는
《전쟁과 평화》,《안나 카레니나》,《부활》 같은 작품을 집필한 세계적으
로 유명한 초일류 작가예요. 엄청난 명예와 부를 얻게 된 그는 문학을
통해 그 자신은 물론이고 가족들까지 안락하고 편안한 생활을 누리게
됐지요. 아마도 보통 사람들이 보기에 그처럼 행복한 사람도 없었을 겁
니다. 그러나 톨스토이는 점점 생명을 잠식당하고 있었어요. 어떻게
살아야 할지, 무엇을 해야 할지…… 이런 곤혹감은 갈수록 강해졌고,
그는 도무지 안정을 찾을 수 없었어요. 어느 순간, 삶의 허무를 느낀 그
는 자신이 발붙인 땅에서 사라질 것만 같았지요. 자신의 생명을 의탁할
곳도, 중심을 잡아줄 무언가도 없었으니까요.

톨스토이는 잡다한 지식에 매달렸지만, 그런 지식 역시 감성적 생명
이 배제된 것임을 깨달았어요. 게다가 지식은 생명에 아무런 새로운 의

미도 더해주지 못했지요. 결국 그는 신앙의 힘을 빌리게 되었어요.

그는 신앙만이 그가 가진 생명에 대한 의문에 답해줄 수 있으며, 인류가 생존할 수 있는 의미 있는 지식임을 발견하게 됩니다. 인류는 신앙이 있기에 멸망하지 않고 살아갈 수 있는 것이에요. 개인과 인류 모두에게 신앙은 생명의 힘이랍니다. 인간은 스스로 추구하는 이상을 따라 살아야 하기 때문이지요.

톨스토이를 사로잡은 신앙의 문제는 또한 우리 가운데 많은 사람들이 겪게 되는 문제이기도 해요. 나는 왜 살아야 하는가? 내가 살아있는 목적은 무엇인가? 내 삶의 의미는 어디에 있는가? 등등. 이런 문제는 시도 때도 없이 우리의 골치를 아프게 해요. 어떤 사람은 사업에 성공해 엄청난 부자가 되고 명예를

어느 순간, 삶의 허무를 느낀 그는 자신이 발붙인 땅에서 사라질 것만 같았지요. 자신의 생명을 의탁할 곳도, 중심을 잡아줄 무언가도 없었으니까요.

얻었지만 여전히 행복하지 않습니다. 도대체 왜 부자가 되고, 유명해져야 하는 것이죠? 부자가 되고 유명인이 되는 것은 무슨 의미일까요?

《노인과 바다》(1952)로 퓰리처상, 노벨문학상을 수상했고 《무기여 잘 있거라》, 《누구를 위하여 종은 울리나》 등의 대작을 쓴 미국의 헤밍웨이(Ernest Miller Hemingway, 1899~1961)나 《설국(雪國)》, 《센바즈루(千羽鶴)》 등으로 근대 일본문학사상 부동의 지위를 구축한 가와바타 야스나리(川端康成, 1899~1972) 같은, 보통 사람들의 눈에는 모든 것을 다 이룬 것처럼 보이는 위대한 사람들조차 자살을 선택했던 것을 보면 우리가 머리가 아플 수밖에 없는 것은 당연한 일인지도 몰라요.

인생의 목적은 무엇일까요? 생활의 중심은 어디에 있는 거죠? 사람은 단순히 살아있기에 사는 것일까요?

사람은 본능에 따라 기본적인 먹고 자는 문제만 해결되면 되는 존재가 아니지요. 사람은 다른 동물들과는 다르게 높은 수준의 특수한 생존방식을 필요로 해요. 그것은 바로 정신과 영혼의 생존방식이지요. 사람은 단지 살 뿐만 아니라 흥미롭게, 의미 있게 살아야 합니다. 사람은 피와 살이 있는 존재이자 동시에 정신과 의지가 있는 존재니까요.

사람은 평생 다양한 시험을 겪게 됩니다. 삶의 어두운 그림자와 마주하게 되었을 때는 정신의 힘으로 버텨내야만 해요. 우리는 꿈꿔야 하고, 현실의 고난에 맞서 싸워야만 해요. 이를 통해 우리는 영혼의 위로를 얻게 되지요. 그러므로 사람은 반드시 정신을 추구해야만 해요.

신앙은 인간의 정신적 필요를 만족시켜줄 수 있답니다. 물론 신앙은 인간에게만 속한 권리로 다른 생물들은 이런 신앙을 필요로 하지 않지요. 사람은 늘 어떤 희망을 품어야 하고, 희망을 가진 사람은 언제나 무언가를 믿으려 해요. 그리고 희망은 사람에게 흔들리지 않는 신념을 가져다주지요. 희망을 가진 사람은 늘 믿음이 있고, 이 믿음에 미래를 걸지요. 당신이 어릴 적부터 건축설계사가 되고 싶었다고 해봅시다. 바로 이 신념이 당신을 더 열심히 공부하게 만들고, 꿈을 이루게 해줄 것입니다. 이런 신념이 있기에 당신은 자신이 하는 모든 일이 의미가 있다고 느끼게 됩니다. 쉽게 말해 신앙은 바로 당신의 꿈이랍니다.

신앙이란 사람이 무언가를 믿는 것을 가리키는데 그런 믿음에 자신을 의탁하고 평생 변하지 않아야 해요. 사람이 무언가를 믿게 된 뒤에는 자신이 믿어 의심치 않는 것에 자신을 바치기 때문에 자신의 생명까지도 내어놓을 수 있답니다. 신앙은 기본적인 인생태도로서 무엇을 해야 하고 무엇을 하지 말아야 할지를 구분하게 하지요.

신앙은 사람의 마음속에 뿌리를 내립니다. 신앙에 의지할 경우 사람의 영혼은 큰 위로를 받게 되지요. 신앙은 한 치 앞도 모르고 걷던 길 앞에 한줄기 서광이 비춰오는 것이며, 집으로 돌아가는 길을 찾게 되는 것이에요. 신앙이 생기면 공허한 영혼은 풍성해지고, 사람은 새로운 생명을 얻게 되지요. 신앙은 자신의 한계를 느끼며 외로워하던 사람에게 강한 의지를 불어넣어 주고, 결국 정신을 의탁할 곳이 되어줍니다.

신앙이 없는 사람은 인생이라는 여행길에서 매우 막연함을 느끼게 되며, 어디로 가야 할지 또 어디로 돌아와야 할지 몰라 결국 과거 속에

바로 이런 시대에 필요한 것이 신앙이며, 정신적으로 의지할 피난처가 되어줍니다.

서 길을 잃거나 현재를 맴돌며 미래를 생각하지 못합니다. 신앙이 없으면 사람은 자아를 잃어버리고 최소한 갖춰야 할 정신적 수준까지 잃어버리고 말아요. 또한 신앙이 없으면 사람은 경외할 대상이 없기에 아무 거리낌 없이 나쁜 일을 하게 됩니다. 어찌 보면 신앙이란 누구에게도 예외가 없는 정신의 지주 같은 것이에요.

신앙이라고 하면 우리는 흔히 종교를 떠올리게 됩니다. 이를테면 기독교, 불교, 이슬람교 같은 오래된 종교 신앙체계들이 있지요. 신앙은 마치 종교인 것처럼 보여요. 그러나 실제로 인간의 신앙은 매우 다양하답니다. 사람에게는 종교신앙 외에도 정치신앙, 조직신앙, 문화신앙 등이 있으니까요. 다만 종교신앙이 다른 것들에 비해 전형성과 집중력을 갖고 있는 것뿐이지요.

신앙은 심리적인 영역이자 역사적인 영역에 속해요. 사람에게 이런 심리가 필요한 것은 사람은 반드시 자신의 생존을 위한 강력한 이유를 찾아야 하기 때문이에요. 그러나 넓디넓은 역사의 강물 속에서 신앙은 또 다른 문화적 의미를 품고 있답니다. 오늘날처럼 경제활동과 공업생산이 급속도로 팽창하는 때에 사람은 물질화 되고 기계화되기 쉽지요. 현대문명은 인류에게 풍부한 물질적 성과를 안겨주었지만, 동시에 수많은 정신적 불안도 가져다주었어요. 바로 이런 시대에 필요한 것이 신앙이며, 정신적으로 의지할 피난처가 되어줍니다.

# 신화로 표현되는
# 영혼 숭배

그리스 신화에 등장하는 술의 신 디오니소스(Dionysos)는 제우스의 숨겨진 아들이라고 하지요. 한번은 제우스가 원정을 나가면서 어린 디오니소스에게 군주의 권력을 잠시 넘겨주었어요.

아이를 질투한 제우스의 아내 헤라는 믿을만한 심복에게 아이를 감시하도록 했답니다. 제우스가 신전을 떠난 뒤 헤라는 신기한 장난감과 거울로 어린 디오니소스를 유혹해 미리 준비해둔 곳으로 유인했어요. 그녀는 티탄족 거인들에게 아이를 죽이라고 명령했고, 그들은 아이의 사지를 찢어죽였답니다.

이 광경을 목격한 디오니소스의 누이 아테나(Athena, 전쟁과 지성의 여신)가 몰래 동생의 심장을 훔쳐 나와 잘 보관해두었어요. 그리고 아버지 제우스가 돌아온 뒤 이 모든 일을 남김없이 일러 바쳤답니다.

화가 난 제우스는 티탄족을 모두 죽여버리고 아이의 모습을 그대로 동상으로 만들었어요. 그는 아이의 심장을 조각상 안에 넣고 그를 위한 궁전을 지어 아들을 잃은 고통을 달랬어요.

훗날 사람들은 디오니소스를 기념하기 위해 제사를 드렸고, 의식 가운데 그가 받은 죄와 죽음, 부활의 과정을 공연으로 선보였답니다. 디오니소스의 신봉자들은 그를 상징하는 수소의 몸을 갈랐고, 숲속에서 끊임없이 소리를 질렀어요. 어떤 사람은 정교하게 만들어진 작은 상자를 가져와 사람들에게 보여주며 그 안에 디오니소스의 심장이 담겨있다고 이야기했지요.

또한 사람들은 피리를 불고, 죽음으로 향하는 방울을 흔들며 디오니소스의 부활 과정을 표현했어요. 제사의식을 드리는 동안 사람들은 계속 술을 마셨답니다. 그래서 서양 사람들에게 디오니소스는 술의 신으로 기억되는 것이에요. 이 모두가 디오니소스가 죽은 뒤 다시 부활한 과정을 부각시킨 것으

몸은 죽었지만 심장(영혼)은 아직 살아있으니, 영혼은 죽음을 넘어서 영원하다는 것을 뜻해요.

로, 그의 몸은 죽었지만 그의 심장(영혼)은 아직 살아있으니, 영혼은 죽음을 넘어서 영원하다는 것을 뜻해요.

디오니소스의 이야기는 인간의 고유한 정신적 현상을 드러내고 있어요. 그것은 바로 영혼숭배로 사람의 영혼은 죽지 않는다고 믿는 것이지요. 이런 욕망은 인류의 마음속 깊은 곳에 자리한 가장 근본적인 신앙의 요구로, 우리가 보게 된 부활의 신화 역시 인간의 이런 심리적 필요를 만족시키기 위해 만들어진 것이랍니다.

고대 사람들은 우매하고, 죽음에 대해 공포심을 갖고 있으며, 자연이 베풀어 준 사물에 감사를 느꼈기에 종종 현실 속의 많은 사물에 영혼이 깃들어 있다고 생각했어요. 덕분에 그들은 온갖 종류의 신을 만들어 냈답니다. 하늘의 신, 땅의 신, 농사의 신, 물의 신, 나무의 신, 악의 신, 해의 신, 사랑의 신, 술의 신 등등. 고대 사람들은 곳곳에 제단을 만들고 신상을 세워 자기네를 보살펴달라고 기도했으며, 이것이 바로 인류 최초의 신앙이에요.

원시신앙이 생겨나자 고대 사람들은 현실과 미래에 대해 두려워할 필요가 없게 되었죠. 대신 그들에게는 믿음과 희망이 생겨났어요.

물론 고대의 생존환경은 의식주가 아무 걱정이 없던 에덴동산과는 달랐어요. 그들은 배고픔과 추위, 맹수와 홍수 등 자연의 위협에 둘러 싸여 있었답니다. 갑자기 일어나는 수많은 재해는 시시각각 인류의 생명과 안전을 위협했지요. 끝이 없는 우주 앞에 고대 사람들은 자신이 얼마나 외롭고 보잘것없는 존재인지를 깨달았답니다. 그들은 자신을 우주의 한 분자로 여기고 자연과 하나가 되기를 바랐어요. 이렇게 자연숭배와 조상숭배, 토템숭배가 자연스럽게 생겨났고, 여러 가지 신화와 신앙들이 줄줄이 나타났지요.

인류는 이런 원시신앙을 통해 현실영역뿐만이 아니라 현실을 초월한 정신적 영역이 있음을 깨닫게 됐어요. 원시신앙은 인류가 육체의 한계와 자연의 속박을 벗어던지고 정신적 자유를 얻게 해주었지요. 이런 원시신앙은 인류의 행복을 내세에 의탁하기를 바랐고, 생명의 의의와 영혼의 존재를 결부시켰답니다. 이런 원시신앙이 생겨나자 고대 사람들은 현실과 미래에 대해 두려워할 필요가 없게 되었죠. 대신 그들에게는 믿음과 희망이 생겨났어요.

인류 초기의 문화 활동을 살펴보면 신앙은 인류의 다양한 심리적 공허함을 채워주었고, 어려움 속에서도 평정심과 믿음을 유지할 수 있게 해주었답니다. 또한 실망과 두려움에 빠지지 않게 해주었지요. 영혼의 보살핌이 있기에 인류는 고된 노동 속에서도 한줄기 빛을 볼 수 있었던 것입니다.

# 플라톤의
# 동굴 속 그림자

아주 크고 깊은 동굴이 있다고 생각해봅시다. 그 안에는 몇몇 사람들이 어린 시절부터 살고 있어요. 그들의 몸은 묶여 있고, 머리는 돌릴 수 없어 그들의 눈으로는 동굴의 벽 밖에 볼 수 없죠. 그리고 그들 뒤에는 동굴의 입구가 있어요. 동굴 입구 주변에는 불이 피워져 있어 그 불빛이 동굴 벽에 비칩니다. 불빛이 비추고 있는 가운데 누군가가 나무와 돌로 만들어 놓은 인형들이 움직이고 있어요. 이 인형들의 그림자는 바로 동굴 벽에 반사됩니다.

동굴에 갇혀 있는 사람들은 당연히 이 그림자밖에 볼 수 없어요. 그들은 그 그림자가 사물의 진실한 모습을 반영한다고 믿지요. 만약 그들을 풀어준 뒤 머리를 돌려 불을 보게 한다면 눈부신 불빛에 적응하지 못할 것입니다. 그들은 아마도 원래 봤던 그림자가 진짜 사물보다 더 진실하다고 생각하겠죠. 그들에게는 이미 어느 것이 그림자이고 어느 것이 실물인지 구분이 되지 않을 테니까요.

만약 그들을 동굴 밖으로 끌어내 실제로 존재하는 태양을 보게 한다면 눈앞이 어리어리해서 어떤 것이 진짜 사물인지 구분하기 어려울 것이에요. 그러므로 그들에게는 밝음에 적응할 수 있는 시간이 필요해요. 먼저 밤중에 하늘의 달이나 별을 보게 하고, 마지막으로 태양을 보게 하는 것이지요. 이렇게 해야만 그들은 태양이 사계절을 만들고, 세계의 모든 것을 지배한다는 사실을 알게 될 것이에요.

일단 태양과 실제 사물을 보고 나면, 그들은 절대로 다신 동굴로 들어가지 않을 거예요. 만약 그들이 다시 동굴로 들어간다면 어둠 때문에 아무것도 볼 수 없겠지요. 그러나 동굴 속 사람들은 자신들이 동굴 밖에 나갔다 왔기 때문에 눈에 이상이 생긴 것이라 착각할 것입니다.

이는 고대 그리스의 철학자 플라톤이 말한 동굴에 관한 이야기랍니다.

이는 고대 그리스의 철학자 플라톤이 말한 동굴에 관한 이야기랍니다. 이 이야기를 통해 플라톤은 동굴을 눈으로 볼 수 있는 세계에 비유했어요. 눈으로 볼 수 있는 세계는 우리가 눈으로 확인할 수 있는 현실세계를 가리킵니다. 동굴 안의 불빛은 현실세계의 태양과 같은 존재이지요. 동굴 속에 갇혀 있던 사람들은 밖으로 나와 태양과 모든 진실을 마주하게 됩니다. 그들은 꽃과 새, 산과 강, 넓은 하늘을 보게 되지요.

플라톤은 세계를 현실세계와 이념세계로 구분했답니다. 현실세계는 우리가 보고 들을 수 있는 감성세계이며, 이념세계는 우리가 눈으로 볼 수 없는 정신세계를 말해요. 정신적인 것은 언제나 현실세계의 뒤편에 숨어 있지요. 그리고 이성의 힘을 빌려야만 그 존재를 발견할 수 있고요. 동굴 안에서 나와 동굴 밖의 세상을 알아가는 과정은 인간의 인식이 전환되는 과정을 의미해요. 다시 말해 이 과정은 인간의 의식이 외부세계에서 이념세계로 옮겨가는 과정을 설명한답니다.

플라톤은 모든 사물은 자신의 본질을 규정할 수 있다고 보았어요. 이 본질이란 존재, 즉 '이념'은 볼 수도 만질 수도 없지요. 그러나 이념은 모든 만물의 탄생과 존재의 원인이 됩니다. 다시 말해 우리가 보고 만지는 모든 사물은 '이념'에 의해 만들어진 것입니다. 아름다운 꽃과 어여쁜 얼굴 등 아름다운 것은 늘 아름다움의 '이념'으로 그들의 존재를 결정합니다. 즉, 이념은 만물의 원형이며, 만물은 이념의 모방에 불과한 것입니다. 그러므로 우리가 이념의 세계에 들어갈 수만 있다면 만물의 원인은 자연스럽게 알게 되겠죠. 이념은 마치 태양처럼 세계를 비추니까 말이에요.

복잡한 현실세계 속에서 우리가 느끼는 모든 것은 종종 진짜가 아닙니다. 마치 불빛이 동굴 벽에 반사되어
그림자를 만드는 것처럼 말이지요.

플라톤의 동굴비유는 인간의 인식이 겪어야 할 험난한 과정을 잘 설명해주었어요. 복잡한 현실세계 속에서 우리가 느끼는 모든 것은 종종 진짜가 아닙니다. 마치 불빛이 동굴 벽에 반사되어 그림자를 만드는 것처럼 말이지요.

우리는 쉽게 수많은 허상에 속아 넘어가고 말아요. 지식이 부족한 상황에서 우리는 종종 무지와 고집으로 허상을 진리로 착각하게 되는 것이지요. 지식을 통한 깨달음이 부족하기에 스스로 금지된 경계를 벗어나거나, 불빛 뒤에 어떤 사물이 숨어 있는지 감히 상상도 하지 못해요. 때때로 그림자가 바로 진짜 사물이라고 고집하거나, 가짜를 진짜라고 착각하기도 하지요.

이런 어리석은 상황은 사실 우리주변에서도 흔히 볼 수 있는 것으로 참으로 서글픈 일이 아닐 수 없어요. 그러나 이보다 더 서글픈 일은 간신히 동굴 밖으로 나온 뒤에도 자신의 눈으로 보는 것을 믿지 못하고 다른 사람들이 틀렸다며 비웃는 것입니다.

그렇다면 어떻게 해야 진리를 얻을 수 있을까요? 플라톤의 철학에 따르면 지식을 얻기 위해서는 인간의 이성과 지혜에 기대야 하며, 이 이성과 지혜의 원천은 영혼에 있어요. 앞에서도 언급했듯이 고대 사람들에게 영혼은 일종의 신앙이자 내재되어 있는 정신적 갈구였답니다. 그렇다면 플라톤 철학 속에서 영혼은 어떤 의미를 갖고 있을까요?

플라톤은 인간의 존재를 육체와 영혼의 두 부분으로 나누었는데, 육체는 잠시뿐이고 유한하지만 영혼은 영

원하며 무한하다고 주장했지요. 육체는 영혼의 명령을 받고, 영혼은 육체를 지배한답니다. 육체는 우리의 인식에 영향을 끼치지만, 영혼은 우리가 진실한 지식을 얻을 수 있도록 돕습니다.

영혼은 이성과 의지, 정욕 등 세 가지 부분으로 구성되어 있어요. 둥근 모양의 대뇌는 이성이 머무는 곳으로 우리 몸의 꼭대기에 위치해 더 높이 더 멀리 바라보며, 옳고 그름을 판단하며 사람의 행동을 지휘해요. 넓은 가슴은 의지가 머무는 곳으로 이는 의지가 이성의 지휘 아래에 있음을 뜻하며, 인간의 행동에 힘이 되기 위해 그곳에 위치하는 것이에요. 배는 정욕이 활동하는 곳으로 감각기관의 향락과 육체의 쾌락을 탐하며, 이성과 의지의 통제를 받고 싶어 하지 않아요.

인간의 고귀함과 정신의 힘을 증명하기 위해 플라톤은 영혼불멸의 개념을 고수했어요. 영혼이 영원히 존재해야만 인간의 정신세계가 계승되고 인간의 지식도 발전할 수 있으니까요. 영혼이 그렇게 중요하다면 대체 영혼은 어디에서 왔을까요? 플라톤은 사람과 우주 사이에 대응관계가 있기에 인간의 육체는 자연계에서 왔으며, 인간의 영혼은 신계(神界)에서 왔다고 보았어요. 바로 이 '신계'가 그가 말하던 '이념세계'이지요. 이념의 세계 안에는 다양한 정신이 가장 순수한 형식으로 보존되어 있는데, 여기서 가리키는 순수한 형식이란 정신이 다른 사물의 간섭을 받지 않고 완전히 자신만의 독특한 방식으로 존재하는 것을 뜻해요.

인간의 정신현상은 고대 사람들이 가장 궁금증을 품었던 존재입니다. 우리는 어떻게 미(美)란 관념을 갖게 된 걸까? 우리는 어떻게 선(善)이란 관념을 갖게 된 걸까? 우리는 어떻게 개별적인 현상 속에서 일반적인 규칙을 찾아낼 수 있는 걸까? 이런 복잡한 문제들에 대해 플라톤은 영혼의 활동이란 개념을 통해 설명했어요. 그의 이런 영혼론은 훗날 기독교에 의해 계승되었고, 오랫동안 서양사상의 중심이 되었답니다.

플라톤은 사람과 우주 사이에 대응관계가 있기에 인간의 육체는 자연계에서 왔으며, 인간의 영혼은 신계에서 왔다고 보았어요.

# 종교의
# 의미

인류가 가진 다양한 신앙의 형식 가운데 종교신앙은 가장 대표적인 신앙활동이라고 할 수 있어요. 종교신앙 가운데 기독교는 가장 많은 신도를 거느린 세계적인 종교입니다. 이렇게 기독교가 성장할 수 있었던 데에는 그만한 이유가 있었어요. 사람은 누구나 인생의 문제를 생각할 때 자신의 생활에 대한 기대를 하게 됩니다. 또한 이런 기대가 원대한 목표를 이루기 위한 원동력이 되고요. 사람들은 목표를 위해 자신의 모든 것을 내어놓고, 생명의 정신적 버팀목이 되어줄 무언가를 찾습니다.

　그러나 이 세상에서 살아남기 위해서는 많은 생존조건의 제약이 있기 때문에 사람들은 끝도 없는 고통과 걱정에 시달리지요. 한계가 분명한 이 세상의 고통을 뛰어넘기 위해 사람들에게는 이상적인 유토피아가 필요해요. 이상의 추구와 피안세계의 부름이 있기에 우리는 현실의 고난에 넘어지지 않을 수 있는 것이니까요. 이렇게 무언가에 의탁했을

기독교 신앙의 기초는 예수의 수난과 부활이에요. 예수의 수난을 통해 기독교인들은 그들의 '원죄'가 이미 용서받았음을 믿게 되지요. 또한 예수의 부활을 통해 그들이 겪는 지금 생애의 수난이 언젠가 끝이 날 것이라는 담보를 받게 됩니다.

때 사람은 평온한 삶을 살 수 있게 됩니다.

기독교가 묘사하는 인류의 다음 세상은 어떤 의미에서 사람들의 정신적 공백을 메워줄 수 있는 존재입니다. 사람들은 자신의 마지막 희망을 하느님께 의탁하고, 순종하는 마음으로 감사하며, 하느님께 생활의 힘과 정신적 위로를 내려달라고 기도하지요. 사람들은 하느님을 전적으로 신뢰하기에 현실의 고난을 담담히 받아들이며, 사랑의 마음으로 모든 사람을 대하고 그들과 형제자매가 되는 것이에요. 하느님을 믿게 된 사람들은 질병의 아픔도 죽음도 두려워하지 않아요. 사람은 스스로 하늘의 신을 창조한 뒤 경건한 마음으로 신 앞에 무릎 꿇은 것이지요.

현대 프랑스 철학자 마르셀(Gabriel Marcel, 1889~1973)은 기독교를 통해 자신이 얻은 깨달음을 많은 사람들에게 전파했어요. 1929년 마흔 살이 된 마르셀은 자신의 일기에 이렇게 썼답니다.

"이제 더 이상 의심할 필요가 없게 됐다. 오늘 아침 나는 기적과 같은 행복을 체험했다. 나는 처음으로 은총을 맛보았다. 사람들이 믿을지 모르겠지만 이는 사실이다. 나는 기독 신앙에 푹 빠져버렸고, 이는 새로운 탄생이다. 모든 것이 예전과 달라졌다. 오늘 아침 내 마음속에는 감히 생각지도 못했던 바람이 생겨났다. 비록 흥분되는 느낌은 없었지만 침착하고, 균형 잡힌 희망과 믿음이 내 마음에 찾아왔다."

마르셀이 기독교에 귀의하게 된 데에는 독일의 음악가 바흐(Johann Sebastian Bach, 1685~1750)의 영향이 결정적이었어요. 바흐는 궁정악단과 교회음악가로 활동하며 바로크 음악의 대표적인 작품을 많이 남긴 세계적인 작곡가예요. 청년시절 바흐의 음악에 매료된 마르셀은 〈마태 수난곡〉을 통해 영혼을 울리는 종교의 힘을 느꼈답니다. 바흐는 평생 다섯 곡의 수난곡을 썼지만, 현재 전해지고 있는 곡은 〈마태 수난곡〉과 〈요한 수난곡〉 밖에 없어요. 〈마태 수난곡〉은 신약 성경에 나타난 예수의 수난을 소재로 현악기와 합창을 절묘하게 배합해 예수가 받은 수난과 십자가에 박힌 뒤 무덤에 들어가게 되는 모든 과정을 표현했답니다.

무려 3시간에 이르는 이 마태 수난곡에서 바흐는 다양한 악장을 선보였어요. 특히 메조 소프라노의 아리아인 '참회와 회한으로 죄인의 마음은 두 갈래로 갈라지고'와 '불쌍히 여기소서', 마지막 곡인 '눈물로써 엎드려' 등은 사람의 마음을 감동시키기에 충분해요. 설

이상의 추구와 피안세계의 부름이 있기에 우리는 현실의 고난에 넘어지지 않을 수 있는 것이지요.

사 기독교인이 아니라 해도 곡을 다 듣고 난 뒤에는 자신도 모르게 눈물을 흘릴 정도니까요. 아마도 이런 음악의 매력이 마르셀에게 신의 존재를 깨우쳐준 듯합니다. 기독교를 믿게 된 마르셀은 점차 사람의 존엄과 위대함은 하느님께 복종하고 따르는 데 있다고 느낍니다. 하느님의 사랑으로 자신의 마음을 충만하게 할 때 사람은 자신의 잠재력을 모두 발휘할 수 있어요.

386년의 어느 날, 밀라노에서 수사학을 가르치던 아우구스티누스는 공원을 산책하다 자신도 모르게 어느 무화과나무 아래에 누웠어요. 그런데 웬일인지 눈에서는 눈물이 흐르고 입으로는 이런 말을 되뇌고 있었지요. "주여, 나의 지나간 죄악을 기억치 마옵소서!"

아우구스티누스는 젊은 시절 마니교의 신도로 한 여자와 오랫동안 동거를 하며 아들까지 하나 낳았답니다. 방탕한 생활로 인생을 낭비하던 청년시절 아우구스티누스는 불현듯 어디선가 들려오는 어린아이의 목소리를 듣게 됐어요.

"책을 들어 읽어보라! 책을 들어 읽어보라!"

그는 자신도 모르게 성경을 펴들었고, 무작정 펼쳐진 곳을 읽어내려 갔어요. 그 부분은 사도 서신서 가운데 하나로, 이런 글귀였답니다.

"방탕하지 말고 술 취하지 말며 음란과 호색하지 말며 쟁투와 시기하지 말고 오직 주 예수 그리스도로 옷 입고 정욕을 위하여 육신의 일을 도모하지 말라."

아우구스티누스는 그때부터 세속의 향락적인 생활에서 손을 끊고 기독교인이 되었으며, 훗날 누구나 인정하는 가장 위대한 신학의 아버

지가 되었답니다.

위의 두 이야기는 자신의 생명 모두를 헌신한 도
덕신앙의 전형이라고 할 수 있어요. 《심리학 원리》,
《프래그머티즘》 등을 저술한 미국의 심리학자이자
실용주의 철학자인 윌리엄 제임스(William James,
1842~1910)는 심리학적인 각도에서 이 현상을 설명
했어요. 그는 종교체험을 통해 사람이 도덕화되어
가는 과정을 다음 네 가지로 소개했어요.

1. 자신의 죄를 뉘우치는 회개

2. 내면의 치유

3. 신앙으로 은혜 입음

4. 믿음으로 인한 성격변화

회개하기 전의 사람은 분열되고 불행하며 심지어 비열하기까지 한
자아를 갖고 있었답니다. 그러나 신앙을 통해 새로운 신념을 얻으면 원
래의 자아는 행복하고 자신 있으며 우월한 자아로 변화하게 됩니다.

자신의 죄를 뉘우치고 얻은 도덕적 신앙은 사람을 행복하게 하며,
동정심과 성실함, 신뢰, 인내와 용기 등의 품성을 이끌어냅니다. 또한
사람의 성격은 갈수록 성숙되고 안정되어지며, 생활은 충실해져 과거
의 자아를 벗고 새로운 자아를 입게 됩니다. 사람의 마음은 신앙을 통
해 얻은 자애라는 감정의 지배를 받아 유쾌하고 풍성한 생활을 누리게
되지요.

아우구스티누스는 그때부터 세속의 향락적인 생활에서 손을 끊고 기독교인이 되었으며, 훗날 누구나 인정하는 가장 위대한 신학의 아버지가 되었답니다.

# 키에르케고르의
# 3단계 인생

1855년 11월 11일 덴마크의 수도 코펜하겐의 작은 성당 안, 조금 이른 나이에 세상을 떠난 중년 남자의 장례식이 거행되고 있었어요. 조용히 누워 있는 남자의 얼굴은 평온하고 행복해보였지요. 그러나 그의 형이 장례식 연설을 마친 뒤 신부가 입을 떼려는 순간, 죽은 남자의 조카가 일어나 격앙된 목소리로 외쳤답니다.

"그 분은 생전에 기독교를 우습게 여겼고 경외심도 갖고 있지 않았어요!"

그의 말에 사람들은 두려운 눈빛으로 바싹 마른 남자의 시체를 바라보았어요. 그러나 죽은 자는 말이 없는 법, 그가 바로 대중의 비자주성과 위선적 신앙을 엄하게 비판했던 덴마크의 철학자 키에르케고르(Soren Aabye Kierkegaard, 1813~1855)예요.

키에르케고르와 함께 실존주의의 선구자로 불리는 독일의 철학자

키에르케고르는 자신의 고독한 일생을 이용해 인생을 심미와 논리, 신앙의 3단계로 설명했어요. 그는 인생의 마지막 단계를 신앙의 단계로 보았답니다.

니체(Friedrich Wilhelm Nietzsche, 1844~1900)와 비교하면 인생에 대한 키에르케고르의 사색은 안정적인 편이었어요. 니체는 망치로 세계의 관념질서를 때려 부수며 "신은 죽었다!"라고 외친 뒤, '초인'의 개념을 들어 하느님과 대체하려 했지요. 그러나 니체가 만들어낸 초인은 뼛속부터 비극의 기운이 흐르고 있었답니다. 니체의 주장처럼 초인이 되기 위해서는 평생 긴장 속에서 투쟁해야 하고 잠시도 쉴 수 없었어요. 만약 사람들이 니체의 생각대로 인생길을 간다면 사는 것 자체가 피곤한 일이 될 것이 분명했죠.

그러나 키에르케고르는 자신의 고독한 일생을 이용해 인생을 심미와 논리, 신앙의 3단계로 설명했어요. 그는 인생의 마지막 단계인 신앙의 단계가 인생의 귀속과 영원성을 의미한다고 주장했답니다.

심미활동이란 예술작품을 창조하고 감상하는 활동으로 당연히 사람을 유쾌하게 만드는 과정이에요. 화가의 멋진 그림이든 아름다운 음악이든 모두 사람들에게 말로 표현할 수 없는 감동을 주지요. 칸트는 이런 심미활동을 행복으로 가는 다리라고 했으며, 헤겔은 예술을 '사람을 해방시켜주는 것'이라 일컬었답니다. 키에르케고르는 심미를 가리켜 인생이란 여행길의 첫 번째 단계라고 말했지요. 사람을 흥분되고 유쾌하게 만드는 이 단계는 자연스럽게 세속적인 즐거움과 육체적인 쾌락이 넘칠 수밖에 없어요.

이 단계에서 사람들이 추구하는 것은 물질적이고 정신적인 잠깐의 만족에 불과해요. 사람에게는 특별한 목표가 없고, 다만 감정과 자연의 힘의 장난감이 되는 것이지요. 하는 일도 없이 세상을 혼란스럽게 하는 자와 낭만주의 시인, 여자나 유혹하는 돈 주앙과 같은 호색한 등이 바로 이런 인생 태도를 가진 대표적인 사람들이에요. 이런 사람들은 자신의 정신을 의탁할 곳도 없는데다 시야가 좁아 현실 생활의 리듬에 완벽하게 지배당하고 맙니다. 그들의 정신 상태는 쉽게 변화되어 고통과 무기력에 빠져들게 되지요.

현실의 것들이 연기처럼 사라져버릴 때 사람들은 자신이 처한 환경이 얼마나 불안정한지 깨닫게 된답니다. 또한 향락적인 생활이 가져다주는 공허함을 느낄 때쯤 사람은 무한한 고뇌의 늪에 빠지게 되지요. 사람은 또 다른 생활태도로 이런 고뇌를 제거할 수밖에 없어요.

논리의 단계는 사람이 이성으로 생활을 조정하는 단계를 말해요. 금욕주의와 도덕적 책임감 등에 지배받는 것이 이러한 논리적 인생태도에 해당하지요. 사람들은 영혼을 수양하고 추구하는 데 집중하며, 선량과 정직, 절제와 인애 등의 미덕을 강조합니다. 또한 사람들은 무엇이 선이고 무엇이 악인지 인식하게 되며, 악을 피하고 선을 좇으려고 노력한답니다. 개인은 사회적인 생활 가운데 전통적인 도덕규범을 지키고, 자신의 도덕적 책임을 실천하려고 애쓰지요.

물론 이 단계에서 여전히 사람은 물질적 향락의 유혹을 받게 되며, 세속의 모든 생활을 포기하지는 못해요. 그래서 두 가지 생활 방식과

생활 태도의 충돌로 적극적인 도덕의식과 인간의 소극적인 대응 태도 사이에 모순이 발생하게 되지요. 결국 사람은 다시 고통과 절망의 지경에 이르게 되고요. 이때 사람은 버텨내야 할 정신적 지주를 찾지 못하고, 고통과 절망도 극복하지 못하게 됩니다. 이렇게 인생이란 여정은 마지막 귀착점인 신앙에 도달하게 되는 것이지요.

키에르케고르는 신앙을 가진 인생 태도를 매우 중시했어요. 신앙의 단계에서 사람은 모든 세속과 도덕적 원칙의 속박에서 벗어나게 됩니다. 무엇보다 사람은 심미단계의 부담을 초월하고 도덕적 속박을 내팽개친 채 오직 하느님과 대면하게 된답니다. 신앙이 있기에 사람은 진정으로 돌아갈 곳과 평화와 행복을 찾게 되지요.

이 시기에 우리의 사상과 행동을 지배하는 것은 인간의 본능적인 욕망이나 이성이 아닌 굳건한 신앙이에요. 신앙은 우리 인생길의 항구가 되어줍니다. 사람이 다른 동물과 다른 점은 사람은 정신을 추구한다는 사실이에요. 현실의 생활 속에서 갑작스런 변화가 일어날 때, 삶과 죽음의 모순이 발생할 때, 영원한 것과 찰나의 것 사이에 모순이 넘쳐날 때, 우리가 스스로 이런 모순과 충돌들을 깊이 생각해볼 때, 인간은 왜 살아야 하는가를 궁금해 할 때 그 모든 문제에 대한 해답은 신앙에 있다고 해요.

# 인간은 원래
# 사회적 동물일까?

사람의 자아의식은 외부세계에 대한 의식에 의해 도달할 수 있다. 사람이 자아를 통해 세계를 발견
하는 것처럼 자아의 내재된 세계의 발견은 외부 세계의 발견을 통해 실현된다. 사람은 새로운 사물
을 발견할 때마다 자아 속에서 새로운 기관이 생겨난다. —괴테

사회란 사실 추상적인 존재가 아니에요. 우리는 어린 시절부터 유치원에 들어가 친구와 선생님을 만나게 됩니다. 또 얼마 뒤에는 초등학교와 중학교에 들어가 사람들 사이에서 생활하게 되고요. 평소 거리에서, 공원에서, 가게에서 보게 되는 수많은 사람과 일들, 이렇게 외부에서 접하게 되는 사람과 일로 구성된 것을 우리는 '사회'라고 부르지요.

"응애응애!" 사람은 커다란 울음소리로 이 세상에서의 시작을 알린 뒤부터 외부 세계가 강요하는 모든 것을 받아들이도록 결정되어 있어요. 사랑과 미움, 선과 악, 행복과 고통, 성공과 실패, 삶과 죽음 등, 우리는 그냥 무조건 인간사회의 모든 희로애락을 받아들여야 해요.

사람의 출생은 우연에 의한 것으로 우리는 이 세계에 던져진 것과 다름없어요. 우리는 스스로 부모를 선택할 수도, 가정이나 출생지를 선택할 수도 없어요. 일단 세계에 들어온 사람은 사회가 찍어주는 낙인

사람의 생활은 일정한 사회 환경을 벗어나지 못해요. 마치 물고기가 물을 떠나지 못하는 것처럼 말이죠.

을 받아야만 해요.

사람의 생활은 일정한 사회 환경을 벗어나지 못해요. 마치 물고기가 물을 떠나지 못하는 것처럼 말이에요. 사람은 자신이 살고 있는 시대나 사회적 생활 조건을 초월하지 못해요. 사회는 우선 모든 사람에게 발전의 기초와 공간을 제공한답니다. 그러나 일단 사회를 떠나면 사람은 그 사람이 아니게 됩니다. 물론 모든 사람들은 자신에게 적합한 인생 항로를 정할 자유가 있어요. 사람은 이런 주관적 능동성 덕분에 자신의 생활에 독특한 가치를 부여할 수 있는 것이랍니다. 같은 도시 안에서, 같은 학교 안에서 학생들 사이에 서로 다른 차이가 존재하는 것은 바로 이 주관적 요인이 작용했기 때문이지요.

인간의 생명은 본래 동물적인 것이에요. 그런데 여기에 사회적인 것이 보태지니 문제가 조금 복잡

17세기 프랑스의 젊은 철학자 파스칼은 이렇게 말했어요. "자연 가운데 사람 자신이 가장 이해하기 어려운 대상이다."

해졌지 뭐예요. 어찌 보면 사람 자체가 모순인 셈인 거죠. 사람은 자연에 속하면서도 동시에 자연에 속하지 않으니까요. 사람은 본래 생물계에서 진화되어 왔고, 자신의 생물적 속성을 벗어날 수 없어요. 이를테면 우리는 다른 동물들처럼 배가 고프면 밥을 먹고 목이 마르면 물을 마시며, 본능의 충동도 갖고 있지요. 그러나 다른 한편으로 사람은 자신의 지혜를 빌어 새로운 세계를 창조했고, 자연계와는 다른 사회 환경도 만들어냈어요.

덕분에 인간의 생존은 생물성에 제한되지 않고 사회성을 함께 띠게 되었지요. 황량한 들판이나 추운 겨울밤 아무도 없는 곳에 외로이 서 있다고 생각해보세요. 어쩌면 우리는 외로운 생명의 개체로서 이 넓은 우주 가운데 자신이 어떤 위치인지 묻게 될지도 몰라요. 사람과 다른 생물 혹은 무생물을 비교한다면 대체 어떤 차이가 있는 걸까요? 우주의 생명 가운데 하나인 인간의 고귀한 가치는 어디에 존재하는 거죠? 이렇게 인생과 정면으로 마주했을 때 사람들은 종종 두려움을 느끼게 됩니다.

17세기 프랑스의 수학자이자 물리학자이며 철학자이고 종교사상가로서 '파스칼의 정리'와 유고집 《팡세》로 유명한 파스칼(Blaise Pascal, 1623~1662)은 이렇게 말했어요.

"자연 가운데 사람 자신이 가장 이해하기 어려운 대상이다."

사람은 갈대와 같아서 자연계에서 가장 연약한 존재예요. 그러나 사람은 생각하는 갈대이지요. 사람은 자신을 동물과 같다고 생각하지도 않으며, 천사와 같다고 생각하지도 않아요. 파스칼의 말은 많은 사람들에게 힘을 주었답니다. 파스칼 이후의 철학자들은 모두 그의 말에 영

감을 얻어 인간의 생존, 그리고 인간과 사회의 관계 등의 문제에 대해 깊은 사색을 거듭했지요.

사람은 어디에서 오는가? 사람은 어디로 가야 하는가? 사람은 사회 속에서 어떤 위치인가? 사회역사 속에서 사람은 어떤 것들과 마주치게 되는가? 이런 문제들에 대한 저마다 다른 사고가 인생철학에 대한 다양한 유파를 만들어냈답니다.

그러나 우리는 갈수록 분명하게 인식하게 되었어요. 자연에 존재하는 하나의 생명으로서의 인간보다 사회화의 생명개체로서의 인간이 훨씬 중요하다는 사실을요. 사람의 모든 활동은 사회적 범위 안에서 전개되는 것이기에 사회성은 인간의 본질적 속성이라 할 수 있어요. 이렇듯 인간이 사회적인 존재물이라면, 무엇보다 인간에게 요구되는 것은 사회에 대한 책임감이 되겠지요.

# 인도 콜카타의
# 늑대아이 이야기

1919년 어느 날, 인도 콜카타 동북의 한 주민이 두 마리 늑대를 쫓아 어느 동굴에 들어갔다가 동굴 깊은 곳에서 떨고 있는 새끼 늑대 두 마리와 벌거벗은 두 명의 여자아이들을 발견했답니다. 큰 아이는 여덟 살쯤, 작은 아이는 두 살쯤 되어 보였어요. 사회 환경에서 완전히 벗어나 늑대의 보살핌을 받으며 자란 두 아이는 이미 인성을 잃어버리고 늑대와 같은 행동을 했답니다. 햇볕을 싫어하고 낮에는 쪼그려 잠을 자고 밤이 되어야 밖으로 나갔지요. 또한 채소는 먹지 않고 오직 생고기만 먹으며 한밤중에는 큰 소리로 울부짖었어요.

사람들은 이 두 '늑대아이'를 데리고 사람들 속으로 돌아와 여러 가지 교육과 훈련을 시키며 인성을 되찾아주기 위해 노력했어요. 그러나 안타깝게도 어린 '늑대아이'는 2년도 못되어 죽고 말았어요. 큰 '늑대아이'는 열일곱 살까지 살았지만 IQ의 발달은 매우 느렸고, 죽기 전까

사회생활에서 벗어난 늑대아이들은 인류의 문화전통에서도 벗어나 있었기 때문에, 사람의 모습은 갖췄으되 사람의 의식과 품행을 형성할 수 없었어요.

지 배운 것이라고는 밤에 잠을 자거나, 손으로 물건을 잡고, 컵으로 물을 마시는 단순한 행동 정도였답니다. 또한 완전한 문장은 배우지 못했고, 고작 40여 개의 단어를 배워 간단한 말 몇 마디만 알아들었지요.

어린 시절 사회적 환경을 잃어버린 늑대아이들은 낮에는 숨고 밤에는 나오며, 사지로 걸어 다니는 사람의 모습을 한 짐승이 되고 만 것이에요. 사회생활에서 벗어난 늑대아이들은 인류의 문화전통에서도 벗어나 있었기 때문에, 사람의 모습은 갖췄으되 사람의 의식과 품행을 형성할 수 없었던 것이지요.


이 이야기는 사람은 사회 안에 존재할 때 사람이지 일단 사회를 벗어나면 점차 인간의 본성을 상실하게 된다는 사실을 알려줍니다. 당연히 그는 사람이 될 수 없는 것입니다.

우리는 태어난 직후부터 사회와 밀접한 관계를 맺고 사람들에 둘러싸여 생활하게 됩니다. 집안에서 당신은 가정의 일원이며, 부모와 형제, 조부모, 외조부모에 둘러싸여 살게 되지요. 학교에서 당신은 한 반의 학생이며, 반드시 친구들과 선생님과 관계를 맺어야만 해요. 요컨대 당신의 존재는 이런 사회적 관계를 통해 구현되는 것입니다. 개인은 먼저 사회의 형식으로서 존재하는 것이지요.

누군가 이렇게 물어볼 수도 있어요. 막 태어나 아직 사회생활을 하지 않은 아이도 사회적 존재인가요? 사실상 갓난아이 역시 사회적 산물로 보는 것이 옳겠지요. 갓난아이는 아직 어떤 사회적 경험도 하지 않았지만 그의 생명 자체가 그의 부모들이 전제되었기에 가능한 것이니까 말이에요. 무엇보다 유전적 요소를 비롯한 부모의 많은 특징이 아이의 성장에 영향을 미칠 테지요. 이런 의미에서 보면 사회성은 강제성을 띠는 것으로 인간의 의지에 따라 옮겨갈 수 있는 것이 아닙니다. 스스로 원하던 원치 않던 당신은 사회를 의지할 수밖에 없답니다.

인간의 출생 자체가 이미 다른 사람과 사회에 대한 의존을 증명해요. 또한 사람은 사회 속에서 생활할 때 자신의 본성과 잠재력을 발휘할 수 있어요. 사회적 환경이나 자신이 성장하던 집단을 떠나게 되면 사람은 문명의 자양분을 얻지 못해 지혜나 지식을 얻는 일 따위는 기대할 수도 없게 됩니다.

1719년에 영국의 작가 다니엘 디포(Daniel Defoe, 1660~1731)가 쓴 장편소설 《로빈슨 크루소》라는 책은 사회에서 멀리 떨어진 한 인간이 살아남기 위해 벌이는 투쟁을 담은 이야기입니다. 그러나 로빈슨 크루소는 무인도에 도착하기 전에 이미 인류사회의 지식과 생존기술을 몸에 익힌 사람이지요. 게다가 그는 난파된 배에서 자신에게 필요한 물건들을 가져옵니다. 이런 물건은 모두 사회의 산물이고요. 훗날 로빈슨 크루소는 무인도에 들어온 식인종 프라이데이를 자신의 심복으로 삼고, 하루라도 빨리 지나는 배에 구조되어 인류사회로 돌아가길 고대합니다. 이는 로빈슨이 사회생활에 얼마나 의지하고 있는지를 증명해주지요. 부모가 없다면 사람은 육체를 얻을 수 없고, 나이 많은 사람들의 양육이 없다면 사람은 어른이 될 수 없어요. 사회는 인간의 가장 기본적인 존재방식인 셈이에요.

인간은 타인을 떠날 수도, 사회를 떠날 수도 없어요.

# 교류를 통해
# 거울이 되는 타인

독일 태생의 이론물리학자로 광양자설, 브라운 운동의 이론, 특수상대성이론을 연구하여 1905년 발표했으며, 1916년 일반상대성이론을 발표했던 위대한 과학자 아인슈타인(Albert Einstein, 1879~1955)을 모르는 사람은 없겠지요?

스물여섯 살의 혈기왕성한 청년 아인슈타인은 상대성 이론을 발표하여 세상을 깜짝 놀라게 했어요. 1902년에서 1905년 사이, 아인슈타인은 모리스 솔로빈(Maurice Solovine), 콘라트 하비히트(Conrad Habichtbicht), 미헬레 베소(Michele Besso) 같은 친구들과 스위스 베른의 '올림피아' 라는 카페에서 자주 모임을 가졌답니다. 그곳에서 그들은 간단하게 저녁식사를 하고 수많은 과학과 철학문제에 대해 허심탄회하게 토론했지요. 그들은 토론을 통해 자신의 견해를 이야기하며 서로의 사상을 나누었답니다. 이런 사람들과의 사상적 교류는 아인슈타인

사람들과의 사상적 교류는 아인슈타인의 과학연구에 큰 영향을 끼쳤어요. 바로 이런 교류를 통해 그의 상대성 이론도 점점 자라날 수 있었지요.

의 과학연구에 큰 영향을 끼쳤어요. 바로 이런 교류를 통해 그의 상대성 이론도 점점 자라날 수 있었지요.

일본 우주로봇개발의 아버지라고 불리는 유명한 발명가 이토카와 히데오(糸川英夫, 1912~1999)는 사람 사이의 사상적 교류활동에 대해 이렇게 설명했어요.

"사람이 서로 다른 사람과 교제할 때는 덧셈이 아닌 곱셈이 된다."

만약 각각 5의 능력을 가진 두 사람이 있다면 그들이 서로 접촉했는지 아닌지에 따라 그들의 능력은 분명한 차이가 나게 되요.


5 + 5 = 10  두 사람이 정보를 교환하기 전의 능력

5 × 5 = 25  두 사람이 정보를 교환한 뒤의 능력


이렇듯 사람 사이의 교류는 무척 중요하며 사람의 능력을 훨씬 빨리 높여주고 키워주는 주요 요인이 됩니다. 앞에서도 말했듯이 사람은 사회를 떠나서는 살 수 없어요. 인간의 사회화야말로 인간과 동물을 구분하는 기준이 되지요. 물론 집단생활을 하는 습성이 있는 동물들도 여럿 있지만 그들의 생존방식은 여전히 본능에 따른 것이에요. 오직 사람만이 진정한 사회화를 통한 생활을 한답니다.

인류사회의 발전에 속도가 붙으면서 사회에 대한 사람들의 의존도는 갈수록 커지고 있어요. 우리는 생물학적 유전의 방식을 통해 부모님에게서 육체를 얻었어요. 그러나 사회교류의 방식으로 문화전통 속에서 성장의 자양분을 섭취했지요. 다시 말해 유전적인 요소와 사회적 조건이 인간의 생존을 가능케 하는 것이에요. 그러므로 사람 사이의 교류

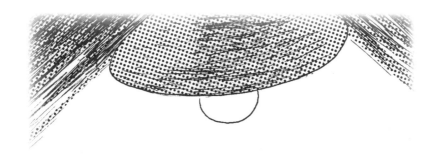

는 사회로 가기 위해 반드시 거쳐야 하는 과정이며, 모든 사람을 성숙하게 만드는 근본적인 조건이 됩니다.

개인과 집단은 전체로서의 사회의 양면으로 분리되어 생각할 수 없다고 주장했던 미국의 사회학자 쿨리(Charles Horton Cooley, 1864~1929)는 '거울 속에 비친 자아' 라는 개념을 주장했는데요. 여기서 말하는 '거울'은 타인과 사회를 뜻해요. 사람의 자아는 오직 타인과 사회 속에 있을 때 생겨납니다. 쿨리는 인간의 자아가 교류 속에서 생겨난다고 주장했어요. 마치 거울을 보는 것처럼 타인과의 교류를 통해 우리는 자신의 모습을 보게 되는 것이지요. 한 사람의 자아의식은 종종 자신에 대한 타인의 판단이 그대로 반영된 것이기도 해요. 서로의 눈동자에 상대방의 모습이 비치는 것처럼, 사람들은 서로에게 거울이 되어 상대를 비춰주지요. 사람은 상대가 자신을 어떤 모습, 스타일, 목적, 행동, 성격 등으로 보는지를 중시하며, 상대의 그런 생각에 많은 영향을 받아요.

독일의 시인이자 소설가, 극작가, 정치가, 과학자로서, 독일 고전주의를 대표하는 세계적 문호 괴테(Johann Wolfgang von Goethe, 1749~1832)는 이런 글을 쓴 적이 있어요.

"사람의 자아 의식은 외부 세계에 대한 의식에 의해 도달할 수 있다. 사람이 자아를 통해 세계를 발견하는 것처럼 자아의 내재된 세계의 발견은 외부의 세계의 발견을 통해 실현된다. 사람은 새로운 사물을 발견할 때마다 자아 속에서 새로운 기관이 생겨난다."

그러므로 자아란 개인의 마음대로 할 수 있는 것이 아닙니다. 오히려 자아란 타인과의 교류를 통해 분명하게 드러나지요. 독일의 유대인 철학자 카시러(Ernst Cassirer, 1874~1945) 역시 이 문제에

마치 거울을 보는 것처럼 타인과의 교류를 통해 우리는 자신의 모습을 보게 되는 것이지요.

대해 말한 적이 있답니다.

"사람은 오직 사회생활을 매개로 할 때 자기 자신을 발견할 수 있으며, 자신의 개체성을 의식할 수 있다."

인류의 역사를 살펴보면 무리를 지어 사는 것은 사람의 천성이에요. 사람의 모든 활동은 대부분 사회적인 교류에 의지하고 있어요. 사회 교류는 우리의 생활 곳곳에 녹아 있어요. 지식의 교류, 경험의 교류, 감정

의 교류 등이 그 좋은 예지요. 우리가 흔히 말하는 인류 공동의 정신적 유산 역시 교류에 의해 세대에서 세대를 이어 내려온 것이에요. 사람들은 교류를 통해 사상과 감정을 소통할 수 있게 되었고 인류의 대화도 이렇게 실현되었지요.

집에서 우리는 부모님과 말과 표정으로 교류를 해요. 우리가 필요한 것을 부모님께 말하며, 부모님은 부모님의 의견을 우리에게 알려주지요. 우리는 종종 가정을 인생의 첫 번째 교실이라고 말해요. 이는 우리가 본격적으로 사회에 입문하기 전에 필요한 많은 것들을 부모님을 통해 배울 수 있기 때문이지요.

학교에서는 선생님과 학생, 학생과 학생 사이의 교류가 일어납니다. 이런 교류는 우리의 인식 능력과 지식 수양을 향상하는 데 큰 도움이 되지요. 학교는 하나의 작은 사회로 우리는 이곳에서 단련되고, 다른 사람과 함께 어울리는 법을 배우며, 사회생활이 무엇인지 조금씩 알게 됩니다.

다른 사람과 잘 어울리지 못하거나, 잘 어울리려 하지 않는 사람에게는 종종 심리적인 문제가 있게 마련이에요. 그들은 종종 아무리 노력해도 해결할 수 없는 문제에 집착하거나 극단적인 길을 선택하는 경향이 있어요. 책을 통해 다른 사람과 만나든, 얼굴을 직접 보고 다른 사람과 어울리든 교류는 우리 자신을 발전시키고 성숙하게 만드는 특효약이에요.

교류를 통해 우리의 몸과 정신은 서로 영향을 주고받아요. 사람의 행위 능력은 교류를 통해 보완되고 향상되지요. 교류는 개체가 가진 한계성을 극복하게 하고, 인류 사회의 발전을

촉진해요. 일상생활 속에서 우리는 교류를 통해 타인의 장점을 발견하고, 자신의 부족한 점을 찾아내며 그것을 바꾸고 싶다는 충동과 필요를 느끼지요.

《인간과 초인》을 써서 세계적인 극작가가 된 아일랜드의 버나드 쇼(George Bernard Shaw, 1856~1950)는 사람들 사이의 교류의 문제를 이렇게 이야기했어요.

"당신과 나에게 사과가 하나씩 있다고 칩시다. 그런데 우리가 서로 갖고 있던 사과를 바꿨다면 여전히 우리는 사과 하나씩을 갖고 있는 겁니다. 그러나 만약 당신과 내가 각각 하나의 사상을 갖고 있으며, 교류를 통해 이 사상을 나누었다면 우리는 서로 두 가지 사상을 갖게 되는 것이지요."

버나드 쇼의 이 말은 매우 일리가 있어요. 만약 사람과 사람 사이에 이런 사상의 소통이 없다면 인류는 어떤 공통의 활동도 진행할 수 없을 테니까요. 물론 오늘날과 같은 빛나는 문명도 얻을 수 없었겠죠. 그러므로 사람들 사이에 교류가 많아질수록 자아가 향상되고 완벽해질 가능성은 높아집니다. 또한 문명의 개방이라는 교류형식을 통해 사람들의 잠재력은 크게 향상될 수 있답니다.

사람 사이의 교류는 사람이 가진 사회성에서 비롯된 것으로 교류는 인성의 기본적인 내용 가운데 하나가 되었지요. 다시 말해 사람 사이의 교류는 인류 활동의 기본적 형식이라 할 수 있어요. 때로는 사람과 사람 사이에 모순이 발생하거나 충돌이 생기기도 하지만, 사회적인 교류는 한 번도 멈춘 적이 없답니다. 사실 전쟁과 폭력 같은 치열한 충동 역시 인류의 교류 가운데 하나예요. 일종의 재난을 가져오는 교류 활동이기는 하지만 말이죠.

어떨 때는 혼자 가만히 있고 싶거나, 아무도 자신의 조용한 생활을 방해하지 않으면 좋겠다고 생각할 때가 있지요. 그러나 정말 아무도 당신을 거들떠보지 않거나, 누구와도 교류할 수 없다면 얼마 지나지 않아 당신은 외로움의 고통에 시달리게 될 거예요. 사람은 타인과의 교류를 통해 자아를 실현하기 때문에 외로움을 버텨낼 방법이 없거든요. 만약 오랜 시간 동안 세상과 단절된다면 우리의 몸과 마음은 점점 메말라 무엇을 해야 할지 자신감을 잃어버릴 거예요.

전쟁과 폭력 같은 치열한 충동 역시 인류의 교류 가운데 하나예요. 일종의 재난을 가져오는 교류 활동이기는 하지만 말이죠.

# 사회라는 틀과
# 개인의 위치

우리를 둘러싼 사회가 시종일관 우리의 행동 하나하나를 제약한다 해도 개체로 존재하는 사람은 자신의 지위와 권리를 지켜내려 해요. 사람들은 모두 자신의 사상을 표현하고 싶어 하며, 자신의 이익을 추구하려 하고, 자신의 독립된 공간을 갖고 싶어 한답니다.

집에서는 부모님이 우리에게 얼마나 관심을 갖는지에 민감하지요. 학교에서는 우리를 친구들과 비교해요. 나는 반에서 뛰어난 학생인가? 나는 반에서 인기가 있는 사람인가? 선생님은 나를 좋아하실까?

어린 시절부터 우리는 자신의 위치를 찾는 데 익숙해요. 사람은 사회 속에서 자라고, 사회생활은 언제나 이런 성장 과정을 동반하지요. 그러나 사회는 절대로 추상적인 존재가 아니며, 하나하나 살아있는 사람으로 구성된 조직이에요. 무수한 개체 생명이 존재하지 않는다면 사회 전체도 존재할 수 없어요. 개체의 주관적인 노력을 떠나서는 사회

사회는 절대로 추상적인 존재가 아니며, 하나하나 살아있는 사람으로 구성된 조직이에요.

역시 자신의 영향력을 발휘하지 못한답니다. 즉, 사회의 힘은 모든 사람 하나하나의 피와 땀이 어린 활동의 결과인 셈이지요.

개인이 사회를 떠나지 못하는 것처럼 사회 역시 개인을 떠날 수 없답니다. 개인은 사회 조직의 가장 기본적인 입자니까요. 이런 입자를 떠난다면 사회도 사라지고 말테지요. 결국 사람과 사회는 서로 의존하고, 영향을 주며, 작용하는 관계예요. 다시 말해 사회를 떠난 사람은 사람이 아니며, 개인을 떠난 사회는 사회가 아닌 것이지요.

사람은 사회라는 전제 아래 자아를 형성해요.

"너 자신을 알라!"

고대 그리스인의 이 명언은 인류가 가진 자아 의식의 시초가 되었어요. 사람은 자신이 우주의 정수임을 확신하게 되었지요.

《로미오와 줄리엣》, 《베니스의 상인》, 《햄릿》, 《맥베스》 등을 쓴 영국의 문호 셰익스피어(William Shakespeare, 1564~1616)조차 사람에 대해 이렇게 찬양했답니다.

"사람처럼 조화로운 걸작이 있을까! 숭고한 이성에 무한한 능력! 훌륭한 자태와 감탄할 만한 거동! 천사 같은 이해력과 신과 같은 지혜! 우주의 극치요, 만물의 영장!"

사람은 자신이 하는 행동의 주인으로서 자아 의식을 통해 자신을 구현해냅니다. 이 역시 사람과 동물을 구분하는 분명한 상징이지요. 자아 의식은 자아에 대한 사람의 상태, 즉 자신과 타인의 관계, 사회생활 속 자신의 지위와 작용 등에 대한 인식을 가리켜요. 이런 인식의 기초위에서 사람은 자신의 심리활동을 조절하고, 그렇게 형성된 자신을 평가하는 과정을 거치게 되고요. 자아 의식은 자아 인식과 자아 평가, 자아 판단 등의 형식으로 표현되지요.

인간의 자아 의식은 인간의 본질적 특징을 만들어냅니다. 그것은 바로 끊임없이 발전하고 변화하는 과정을 가리키지요. 나이 대에 따라 사람들의 자아 의식은 수준이 달라져요. 실험을 통한 연구 결과에 따르면 자아 의식은 생명의 최초 단계에서부터 생겨난다고 해요.

자아 의식의 기초 단계는 아이가 태어난 직후부터 소년기에 이르는 시기로, 생리적인 발육과 사회적인 환경 탓에 아이는 어른에게 모든 것을 의존하게 됩니다. 부모의 보살핌이 없으면 사람은 생존하지 못할 수도 있어요. 이런 성장 단계에서 청소년은 이미 어느 정도 자아 의식을 갖추게 되지만 사회 관계 속에서는 여전히 종속적인 지위에 놓여 있지요. 이 시기 소년의 자아 의식은 강한 순응성을 갖고 있으며, 무척 불안정한 편이랍니다.

자아 의식의 두 번째 단계는 개성의 단계로 사람의 청년기를 가리켜요. 이 단계에서 사람의 개체적 특수기능과 사유방식, 감정표현 능력 등은 점차 성숙되고 안정되지요. 또한 사람은 자신이 남들과 다르다는 것을 느끼게 됩니다. 그러나 자아는 종종 타인의 의견에 따라 자아의 행위를 통제해요. 맹목적이거나 대세를 따르는 것이 청소년의 심리적 특징이에요. 이때 그들은 타인의 시선에 의지해 자신의 신분을 확립하고, 동시에 타인과 구별되고 싶다는 강렬한 욕망을 갖게 되요. 그러므로 청소년의 자아 의식은 언제나 날카롭게 내면과

맹목적이거나 대세를 따르는 것이 청소년의 심리적 특징이에요. 이때 그들은 타인의 시선에 의지해 자신의
신분을 확립하고, 동시에 타인과 구별되고 싶다는 강렬한 욕망을 갖게 됩니다.

충돌하게 되며, 이를 통해 스스로 독립하려 하지요. 그러나 반항하기 위해 그들이 말하고 내리는 결정은 타인의 의견에 영향을 받은 것보다 결과가 안 좋을 때가 많아요.

자아 의식의 세 번째 단계는 자주의 단계로 일반적으로 마흔 살 전후에 시작됩니다. 이 단계의 개체는 이미 고유한 사회 관계와 생활방식에 적응되어 있답니다. 이 시기에 사람은 자신의 개성과 재능, 잠재력에 대해 어느 정도 성숙하고 합당한 실질적 평가를 내릴 줄 압니다. 성인의 자아 의식 역시 타인의 평가와 외부 환경의 변화에 따라 변화하기도 하지만 이런 기복과 변화의 폭은 큰 차이가 나지 않아요. 그러므로 사람의 행위와 자아 평가는 완전하게 외부 세계의 영향에 지배받지 않게 됩니다. 성인의 세계관과 가치관은 이미 형성이 되어 있으며 개성도 안정되어 자주적이고 독립적으로 문제를 생각할 수 있답니다.

인본주의 심리학의 창설을 주도한 미국의 심리학자 매슬로우(Abraham H. Maslow, 1908~1970)는 이렇게 말했어요.

"성인은 자아를 결정하고 관리하며, 적극적이고 책임감 있게 자아를 훈련하고, 주관이 있는 행동자로서 타인의 의해 좌우되지 않으며, 약자가 아닌 강자가 되어야한다."

다시 말해 성인이라면 누구나 자기 스스로 결심하고, 자신의 생각으로 자신의 주인이 되며, 스스로 운명을 책임져야 해요.

자아 의식의 발전 과정을 살펴보면 자아 의식의 성숙과 생명의 사회화는 동일한 과정임을 알 수 있어요. 자아 의식은 사회의 영향에 크게 좌우되며, 사람은 사회의 기준에 맞춰 자신이 할 수 있는 사회적 생존의 이상에 따라 자신을 발전시키려 해요. 반면 사회화는 우리가 개성을 얻을 수 있는 전제가 되기에 사회가 없으면 자아도 있을 수 없어요. 사회는 자아의 형성을 위해 새로운 길을 열어주고, 기회를 제공하기 때문이지요. 마찬가지로 자아가 없으면 사회도 있을 수 없답니다. 한 사회의 발전은 본래 많은 사람들의 힘이 발휘된 결과니까요. 그러므로 사람의 자아의식과 사회의 존재는 함께 가는 것이에요. 인생이란 여행길에서 자아를 의식하고, 사회를 인식할 때 우리는 더 나은 발전의 공간을 확보할 수 있어요.

# 매슬로우의
# 병아리 실험

사람은 자아 의식이 생기면 사회인이 되며, 이를 통해 인간의 생물적 속성에서 벗어나게 됩니다. 모든 사람은 사회 안에서 자신의 인생 가치를 실현하고, 충실하고 풍성한 인생을 창조해야 해요. 자아 의식은 인생의 가치를 실현하는 기초가 되며, 자아 실현의 전제조건이 되지요. 그렇다면 어떻게 자아를 실현할 수 있을까요? 미국의 심리학자 매슬로우는 자신의 친구들과 당시의 사회저명인사, 역사적 위인들 및 3천 명의 대학생 가운데 쉰아홉 명을 골라 자아 실현에 관한 연구를 진행했어요.

매슬로우는 자아를 실현한 사람을 크게 세 가지로 분류했어요. 첫 번째 부류는 링컨(Abraham Lincoln, 1809~1865, 미국 16대 대통령), 제퍼슨(Thomas Jefferson, 1743~1826, 미국 3대 대통령), 아인슈타인(과학자), 루스벨트(Franklin Delano Roosevelt, 1882~1945, 미국 32대 대통령), 스피노자(철학자), 헉슬리(Thomas Henry Huxley, 1825~1895, 영국의 동물학자)처럼 성

공한 사람들, 두 번째 부류는 '불완전한 사례' 가운데 당대 5명의 인물이 포함됐어요. 세 번째 부류는 '잠재된 사례' 가운데 매슬로우가 뽑은 자아 실현의 발전 가능성이 있는 젊은이 스무 명이었지요. 매슬로우는 심리학 실험 방법을 이용해 이런 사람들의 생활 습관과 행동 특성, 개성과 능력을 중심으로 연구를 진행했고 '자아 실현자'의 기본적인 특징을 찾아냈어요.

우선 자아를 실현한 사람들은 현실에 대한 강한 통찰력을 갖고 있으며, 현실에 맞설 줄 알아요. 매슬로우는 자아를 실현한 사람들은 다른 사람의 인격 가운데 허위나 기만, 불성실한 면을 분별하는 능력이 있다고 주장했어요. 그들은 다른 사람들 보다 쉽게 새롭고 독특한 것을 구별해낼 줄 알아요. 그러므로 그들은 자연의 진실한 세계 속에 생활하며 소극적인 희망이나 신앙의 영향을 받지 않아요.

자아를 실현한 사람들은 자신의 현실을 허심탄회하게 받아들이며, 자신의 약점이나 잘못, 죄를 순순히 인정해요. 그들은 식사도 잘 하고, 생활도 즐거우며, 후회하거나 부끄러워하는 일이 드문 편이에요. 자아를 실현한 사람은 타인과 밀접한 관계를 유지해요. 진심을 다하는 그들의 태도가 이런 관계를 지속시켜 주지요. 매슬로우는 이렇게 말했어요.

"거짓말, 모략, 거드름, 체면, 계책, 저속한 방법, 야합, 이 모든 것은 그들에게서 찾아보기 힘들다."

자아를 실현한 사람들은 낡은 것에 매달리지 않고, 솔직하고 담백하게 표현하며, 바로 잡아야 할 행동을 하는 일이 드물답니다.

자아를 실현한 사람들은 일반적으로 어떤 문제에 대해 강한 책임감을 느끼며, 명확한 인생의 방향을 갖고 있어요. 그들은 스스로 문제의 해답을 찾으려 하고, 국가와 민족을 위해 자신을 헌신하길 원한답니다.

매슬로우의 연구에 따르면 자아를 실현한 사람들은 모두 외부 세계에 대해 상대적으로 독립성을 지키려고 노력해요. 그들의 자주성은 일반인보다 훨씬 높은 편이에요.

"그들은 종종 모든 일에 초연하며, 자신만의 평정을 지키려 한다. 또한 그들은 다른 사람들의 복잡한 사정

자아를 실현한 사람들은 모두 외부 세계에 대해 상대적으로 독립성을 지키려고 노력해요. 그들의 자주성은 일반인보다 훨씬 높은 편이에요.

에 영향을 받지 않는다. 그들은 시끄러운 것을 멀리하며 말이 적은 편이고 쉽게 평온함과 침착함을 되찾는다."

자아를 실현한 사람들은 주관이 강해서 스스로 자아를 결정하고 관

리하며, 적극적이고 책임감 있게 자아를 훈련시킬
줄 압니다. 그들은 타인에 의해 좌우되는 사람이 아
닌, 주관이 뚜렷한 행동자예요. 그러므로 그들은 스
스로 결심하고 자신의 생각에 따라 자신의 주인이
되어 자신의 운명에 책임을 질 줄 알아요.

자아를 실현한 사람들은 신선함과 유쾌함을 지속
할 줄 알며, 특이한 것에 대해 반복적으로 감상할 줄
아는 능력을 갖고 있어요. 그들은 단란한 가정이 주
는 즐거움에 대해 경외감과 흥분, 호기심, 혹은 한없
이 기쁜 마음을 갖고 있답니다.

자아를 실현한 사람들은 비교적 풍부한 사회성을
갖고 있어 타인들과 쉽게 융화하며, 친밀한 관계로
발전해요. 그들은 다른 성인에 비해 훨씬 깊은 인간
관계를 자랑하며, 보통 사람들보다 훨씬 더 사랑으
로 화합할 줄 알아요.

자아를 실현한 사람들은 모두 겸손하며, 민주의식
을 가졌어요. 그들은 한편으로는 어떤 성격의 사람
과도 의기투합해 우정을 과시해요. 상대의 교육정도
나 정치신앙, 종족 혹은 피부색 등에 개의치 않지요.

다른 한편으로 그들은 겸손하게 다른 사람들로부
터 잘 배울 줄 알아요. 많은 사람과 비교할 때 자신이
아는 것이 얼마나 보잘것없는지 잘 알고 있지요. 그
러므로 그들은 어떤 면에서 자신보다 강한 사람을

만나면 마음에서 우러나오는 경탄을 보냅니다. 자아를 실현한 사람들은 수단과 목적, 선과 악을 구분할 줄 알며, 동시에 강한 창조력을 보유하고 있어요.

그렇다면 자아를 실현한 사람들을 연구하는 것은 어떤 의미가 있을까요? 매슬로우는 병아리를 이용한 실험을 예로 들어 그 의미를 설명했어요.

한 무리의 병아리들에게 스스로 먹고 싶은 먹이를 선택하게 했어요. 결과적으로 기호에 따라 먹이를 선택할 줄 아는 병아리는 따로 있었지요. 먹이를 잘 선택할 줄 아는 병아리는 그렇지 못한 병아리에 비해 더 크고 건강했으며, 자신이 선택한 먹이로 다른 병아리들까지 먹였답니다. 덕분에 다른 병아리들까지 덩치가 커지고 건강해졌지요. 물론 아무리 해도 먹이를 선택하지 못하는 병아리가 여전히 존재했지만요.

매슬로우는 자아를 실현한 사람들은 오늘날에 이르기까지 인성의 발전이 도달할 수 있는 최고의 경지를 구현한다고 주장했어요. 역사적으로 혹은 현실생활 속에서 자아를 실현한 사람들은 우리들의 좋은 본보기가 되며, 인류의 발전에도 중요한 참고가 됩니다.

정치가든 과학자든, 철학자들 문학가든 자아를 실현한 사람들은 모두 사람이 발휘할 수 있는 고귀한 잠재력을 한껏 드러낸 사람들이에요. 그들은 자아 의식의 기초 위에

먹이를 잘 선택할 줄 아는 병아리는 그렇지 못한 병아리에 비해 더 크고 건강했어요.

서 현실에서 맞닥뜨리는 모든 장애를 극복하고, 이미 정해놓은 목표를 향해 끝까지 노력해요. 자아를 실현한 사람들의 본질적인 특징은 사람의 잠재력과 창조력을 극한으로 발휘한다는 것이지요.

만약 우리가 자아 실현의 기술과 기교를 습득했다면 우리는 스스로 운명의 설계자이자 생활의 강자가 될 수 있을 것이에요.

왜 어떤 사람은 학교 수업에서 남들보다 특출하게 잘 배울까요? 왜 어떤 사람은 사무실에서 남들보다 더 높은 성과를 올릴까요? 또한 열악한 환경 속에서도 다른 사람보다 강한 의지를 보이는 사람의 비결은 무엇일까요?

그들에게는 이미 남들에게는 없는 자신만의 확고한 인생 신념이 있어요. 그들은 이미 당신은 갖고 있지 않은 명확한 인생의 목표를 갖고 있답니다. 당신이 여전히 기적이 일어나기만을 바라고 있는 순간에도 그들은 이미 뛰고 있어요.

사회는 하나의 드넓은 무대예요. 무대는 우리 모두에게 좋은 공연을 할 수 있는 기회를 선사해요. 그러나 이 기회에는 꼬리가 없기에 다가왔을 때 온 힘을 다해 붙들어야만 한답니다.

그들에게는 이미 남들에게는 없는 자신만의 확고한 인생신념이 있어요. 그들은 이미 당신은 갖고 있지 않은 명확한 인생의 목표를 갖고 있답니다. 당신이 여전히 기적이 일어나기만을 바라고 있는 순간에도 그들은 이미 뛰고 있어요.

# 죽음에 어떻게
# 대처해야 할까?

모든 사람에게 죽음은 자기 자신의 일일 뿐이며 누구도 대신해줄 수 없고, 다른 사람에게 전해줄 수도 없어요. 사람이 죽음을 이해하게 되면 스스로 사람들과 구별되어 자기 존재의 의미, 즉 고독의 존재를 진정으로 깨닫게 됩니다.

지지리도 가난한 한 노인이. 너무나 배가 고픈 나머지 닭 한 마리를 훔쳤어요. 밤늦게 그가 막 닭을 삶아 냄비에서 건지려고 하는데, 누군가 문을 두드렸어요. 처음에 노인은 못 들은 척 무시하려고 했지만 누군가가 계속 문을 두드리는 바람에 할 수 없이 물었어요.

"누구시오?"

바깥의 사람이 대답했어요.

"하느님일세. 먹을 걸 조금만 나누어주게."

그러자 노인이 대답했어요.

"하느님이라고요? 그럼 절대로 내 닭을 드릴 수 없소이다!"

깜짝 놀란 하느님이 물었어요.

"왜 안 된다는 건가?"

노인이 큰소리로 대답했어요.

"저는 하느님이 공평하지 않다는 걸 알거든요. 누구는 위해주고 누구는 무시하고, 너무 불공평하지 않습니까! 이 닭은 제가 천신만고 끝에 훔친 것입니다. 그러니 하느님께는 드릴 수 없습니다!"

잠시 후, 다른 사람이 문을 두드렸습니다. 바로 성모 마리아였지요. 그녀 역시 먹을 것을 나누어 달라고 했어요. 노인이 대답했지요.

"당신에게도 줄 수 없소이다! 당신도 사람들에게 너무 불공평하니까요. 진짜 착한 마음을 가진 사람들은 은혜를 입지 못하고, 나쁜 놈들만 잘 되는 일이 얼마나 많습니까!"

그리고 또 얼마 후, 누군가가 다시 문을 두드렸어요. 바로 죽음의 신이었지요. 그도 역시 먹을 것을 나누어 달라고 했어요. 그러자 노인이 이렇게 말했어요.

"정말 죽음의 신이란 말이오? 당신에게는 나누어 주겠소이다. 당신은 아주 공평한 분이니까요. 부자건 가난한 사람이건, 좋은 사람이건 나쁜 사람이건 당신은 누구에게나 차별 없이 대하시지요."

인간 세상에서 가장 공평한 일은 죽음뿐이란 사실을 일깨워주는 이야기예요. 청춘의 소년, 소녀에게나 병약한 할아버지, 할머니에게나, 부자에게나 거리의 거지에게나, 대통령에게나 일반 백성에게나 죽음은 맑은 하늘에 날아든 검은 구름처럼 불현듯 찾아옵니다.

중국 삼국시대 때 위나라를 세운 조조(曹操, 155~220)는 이런 시를 남겼어요.

정말 죽음의 신이란 말이오? 당신에게는 나누어 주겠소이다. 당신은 아주 공평한 분이니까요. 부자건 가난한 사람이건, 좋은 사람이건 나쁜 사람이건 당신은 누구에게나 차별 없이 대하시지요.

술잔은 노래로 맞이해야 하리

우리 삶이 길어야 얼마나 되나?

아침이슬과 같은 인생

지난날의 수많은 고통

이 시는 인생을 노래하는 대표적인 시구가 되었답니다. 조조는 이 짧은 시구 속에 인생이 얼마나 많은 풍파를 겪게 되는지를 담아냈어요. 조조로 말할 것 같으면 백만 대군을 이끌고 전쟁터를 질주한 영웅이지요.

그로부터 약 천 년 뒤, 송나라 최고의 시인 소동파(蘇東坡, 1036~1101)는 적벽에서 〈적벽회고(赤壁懷古)〉라는 시를 쓰며 영웅 조조에 대해 이렇게 탄식했답니다.

"그러나 지금은 대체 어디로 갔단 말인가!"

오늘날 조조도 소동파도 모두 이 세상을 떠나고 없어요. 역사에 이름을 남긴 수많은 인물들도 이미 한낱 먼지가 되고 말았고요.

사람은 언젠가 죽어야 해요. 이는 우리 가운데 어느 누구도 비켜갈 수 없는 참혹한 현실이에요. 이 피할 수 없는 죽음 앞에 몇몇 사람들은 담담하게 대처하지만 대부분의 사람은 공포를 느낄 수밖에 없어요. 사람들은 대개 이 세상을 떠나거나 가족, 친구들과 헤어지고 싶어 하지 않으니까요. 무엇보다 죽은 뒤에 어떤 일이 일어날지 알 수 없다는 것은 큰 두려움으로 다가오지요.

사람의 생명은 유한하며 잠시뿐이에요. 게다가 인생은 한 번뿐이고 다시는 반복되지 않지요. 불로장생의 꿈을 이루기 위해 예부터 인류는 수많은 방법을 연구했어요. 어떤 사람들은 불로장생의 약을 찾으려 하고, 어떤 사람들은 죽은 뒤에도 살아 있을 때의 영광을 누리고 싶어 해요. 또 어떤 사람들은 후대 사람들을 위해 자신의 작품을 남기기를 원하지요. 그렇다 해도 죽음이란 사람에게 절대로 비켜갈 수 없는 운명이에요. 셰익스피어가 쓴 《햄릿》에 보면 이런 이야기가 나와요.

어느 늦은 밤, 왕자 햄릿은 한 무덤에 도착했어요. 그리고 마침 두 남자가 무덤에 죽은 사람을 묻으려는 광경을 보게 되지요. 햄릿은 그 모습을 보고 말할 수 없는 충격을 받고, 이렇게 생각했어요.

'살찐 국왕이나 비쩍 마른 거지나 구더기의 식탁 위 두 가지 식사에 불과하거늘. 국왕은 죽었고 땅속으로 들어갔다. 구더기에 먹혀 그들의 뱃속으로 들어가겠지. 거지는 다시 그 구더기를 잡아다 낚시를 할 테고, 잡은 물고기는 다시 거지의 뱃속으로 들어갈 것이다. 결국 국왕은 거지의 뱃속으로 마지막 행차를 하는 것이 아닌가. 죽음 앞에서 누군들 다른 사람과 다를 수 있겠는가? 죽음 앞에서 대체 생명의 의미란 무엇인가?'

햄릿은 아무런 답도 할 수가 없었지요. 결국 그는 하늘을 바라보며 이렇게 탄식해요.

"죽느냐, 사느냐. 이것이 문제로다!"

햄릿이 맞닥뜨린 이 문제는 사실 사람이라면 누구나 마주하게 되는 문제예요. 다만 우리는 생활의 사소한 일들에 얽혀 이 문제에 대해 깊이 생각하지 못할 뿐이지요.

삶은 아름답지만 우리는 반드시 죽음과 대면해야 해요. 이는 매우 잔인한 일이에요. 죽음은 우리 삶에 대해 걱정하게 해요. 물론 이런 걱정은 우리 자신의 생활을 반성하게도 하지요. 이런 걱정에서 벗어나려면 인류는 항상 생명의 의의에 대해 연구해야 해요. 인생은 마치 쏘아 놓은 화살처럼 빠르게 지나가요. 어쩌면 이런 인생의 유한성과 급박함 때문에 인류는 무한하고 영원한 것을 갈구하며, 현실의 생활을 더 소중히 여기게 됐는지도 몰라요.

모든 사람에게 삶은 한 번 뿐이며 뒤늦게 후회해도 아무런 소용이 없어요. 어떻게 자신의 삶에 충실할 것인가? 이는 모두가 심사숙고해야 할 문제예요. 그렇지 못할 경우 이 단 한 번의 기회를 놓치고 말테니까요. 불교에서 말하는 환생은 그저 사람에 대한 일종의 위로에 불과해요. 죽음의 그림자가 급작스럽게 찾아올 때 우리의 삶은 더 소중해지니까요. 죽음은 줄곧 인류를 멸망시키기 위해 위협하고, 인류는 이에 맞서 투쟁해왔어요. 오늘날 의학의 발달로 우리의 생명은

셰익스피어가 쓴 《햄릿》에서 햄릿은 하늘을 바라보며 이렇게 탄식해요. "죽느냐, 사느냐. 이것이 문제로다!"

조금 더 연장되었지요.

고대 그리스의 철학자 플라톤은 철학을 연구하는 것을 죽음의 연습이라고 보았어요. 독일의 실존철학자 하이데거(Martin Heidegger, 1889~1976)는 인간의 존재는 죽음을 향해 사는 것이라고 주장했지요. 실존철학을 체계적으로 전개한 또 다른 독일 철학자 카를 야스퍼스(Karl Theodor Jaspers, 1883~1969)는 철학을 공부하는 것은 죽음을 공부하는 것이라고 말했답니다.

죽음에도 공부가 필요한가?

아마 많은 사람들이 이에 대해 의아하게 생각할 거예요. 오늘날과 같이 빠르게 돌아가는 생활 속에 현대인들은 이익을 따라 사는 데 급급해 생명의 의의가 어디에 있는지 따위는 안중에 두지 않아요. 죽음은 그저 의학적인 문제라고 치부하지요. 현대인들은 고작 다이어트를 하거나, 운동을 하는 등의 방법으로 다가오는 죽음에 대처하려 해요.

물론 잊고 있다고 해서 죽음이 사람들을 비켜가는 것은 아니에요. 매일 같이 우리 주변에서 일어나는 죽음이 갈 길 바쁜 우리의 걸음을 종종 막아섭니다. 그럴 때면 우리는 죽음의 문제에 대해 새롭게 생각하게 되지요.

# 아테네의 등에

소크라테스의 이야기를 다시 해볼까요? 그의 아버지는 조각가였고, 어머니는 산파였다고 해요. 젊은 시절 에는 아버지를 따라 조각을 하면서 다른 청년들처럼 기하학·철학·천문학 등을 배웠고, 전투에도 세 번이나 참가했고, 한때 정치에 참여한 일도 있었지만, 40세 이후에는 청년들의 교화에 힘쓰며 철학을 자신의 평생의 업으로 삼았답니다.

그는 다른 사람들에게 철학에 대해 가르쳤지만 절대로 수업료를 받지 않았어요. 당연히 생활은 어려웠지만 그는 먹고 사는 문제나 재물에 연연하는 사람이 아니었어요. 그는 일 년 내내 같은 옷을 입었고, 신발도 신지 않은 채 맨발로 다녔답니다.

그는 매일같이 밖에서 사람들을 만나 토론을 벌였고, 아테네의 이곳저곳에서 다른 사람들과 이야기를 나누었지요. 많은 사람들이 그의 지혜와 해학을 좋아했답니다. 그러나 그의 겉모습을 좋아하는 사람은 거의 없었죠. 작은 키에, 큰 턱수염, 훌렁 벗겨진 머리, 건들건들 걷는 걸음걸이까지 그를 아는 사람들은 소크라테스를 게나 원숭이, 심지어 괴물에 비유했답니다. 사실 그는 납작한 코에, 커다란 입술, 삐죽삐죽 자라난 눈썹 아래로는 커다란 눈이 튀어나와 있었어요.

소크라테스가 일흔 살이 되었을 때 인생에서 가장 큰 어려움에 직면하게 되었어요. 아테네의 시인 멜레투스(Meletus), 정치가 아니투스(Anytus)와 웅변가 리콘(Lycon) 세 사람이 아테네 사람들을 선동해 소크라테스를 악인으로 몰았거든요. 그들은 소크라테스가 신을 존중하지 않으며, 아테네 사회를 좀먹고, 어른들에게 반대하도록 젊은이들을 충동질했다는 죄목을 씌웠답니다. 그들은 소크라테스가 더 이상 젊은이들을 타락시키지 못하도록 그의 입을 막아야 하며, 그렇게 할 수 있는 가장 좋은 방법은 그를 사형시키는 것이라 주장했어요.

소크라테스의 판결이 나오던 날, 배심원 5백 명이 모여들었어요. 그러나 이 배심원들은 특별한 법률전문가들이 아니었으며 그들 가운데에는 노인과 환자들이 많았어요. 그들은 배심원을 아르바이트 정도로 생각했기 때문에 재판 과정에서도 신중하게 참여하지 않았답니다. 심지어 졸고 있는 사람도 있을 정도였으니까요. 결국 판결의 관건은 배심원들에게 달려 있었지만 소크라테스를 희화화한 아테네의 대표적 희극 작가인 아리스토파네스(Aristophanes, BC 445경~BC 385경)의 영향을 받은 사람들은 소크라테스에게 강한 편견을 품고 있었어요.

소크라테스를 고소한 세 사람은 배심원들 앞에서 소크라테스가 얼마나 진실하지 못한 사람인지를 소리 높여 주장했어요. 그가 밑도 끝도 없이 캐묻기를 좋아하며, 감언이설로 말도 안 되는 사상을 전파한다는 것이죠. 또한 소크라테스가 애매한 말로 자신의 관점을 다른 사람들에게 납득시키며, 대화를 통해 고의로 젊은이들의 의식을 좀먹고, 잘못된 영향을 끼친다고 열변을 토했어요. 하나하나 그의 죄목이 열거되자 소크라테스는 자신을 변호하기 위해 입을 열었어요.

"나는 한 번도 하늘이나 땅에 관한 어떤 이론도 제기한 적이 없소. 나는 줄곧 신을 의지해 왔고, 어떤 이단도 아니올시다. 게다가 젊은이들을 좀먹는다는 건 말이 안 되오. 그저 유유자적하는 부잣집 자제들이 나의 질문법을 흉내 내어 유명한 인물들의 우매함을 증명한 것뿐이요. 만약 그들을 화나게 했다면 그들이 젊은이들의 뜻을 오해한 것이겠지. 그러나 그 역시 별 뜻이 없는 것이오."

만약 소크라테스가 은연중에 누군가를 오해하게 했다면 조용히 그것을 바로 잡아주면 그만이었지요. 이렇듯 공개적으로 재판을 하는 것은 적합한 절차가 아니었답니다.

그는 자신이 철학을 하는 것은 아테네 사람들의 생활을 소박하게 만들어주고 싶은 소망이 있기 때문이라고 주장했어요. 그는 이미 철학에

이 도시는 마치 훌륭한 종마와 같아서 덩치가 너무 크고 쉽게 나태해질 수 있소. 그래서 이따금 등에가 한 방씩 침을 쏘아줘야만 한다오.

헌신하기로 한 몸이었기에 배심원들이 철학을 포기하는 조건으로 그를 풀어준다고 해도 응할 생각이 없었어요.

소크라테스는 자신에게 승소할 가망성이 없음을 잘 알고 있었어요. 물론 그에게는 자신의 철학을 포기하고 살 길을 찾거나, 유죄 판결이 나온 뒤에도 사형을 피해 도망갈 방법도 있었어요. 그러나 그의 굳은 신념은 이 모든 생각을 포기하게 만들었지요. 결국 소크라테스는 철학자로서의 마지막 연설을 남겼어요.

"만약 여러분이 나를 죽게 한다면 앞으로 나와 같은 사람을 찾기 어려울 것이오. 농담처럼 말하자면 나는 신의 명령을 받고 이 아테네에 내려온 등에올시다. 이 도시는 마치 훌륭한 종마와 같아서 덩치가 너무 크고 쉽게 나태해질 수 있소. 그래서 이따금 등에가 한 방씩 침을 쏘아줘야만 한다오. 만약 내 의견에 공감한다면 나를 살려주시오. 그러나 내가 생각해보건대 당신들은 이제 막 잠에서 깨어나 아리스토파네스의 이야기를 들었으니 나를 죽일 테지요. 아마 그리고 자던 잠이나 계속 자겠지."

소크라테스의 예측은 틀리지 않았어요. 최종 판결이 날 때 배심원 가운데 360명이 소크라테스의 사형에 찬성표를 던졌답니다. 감옥으로 끌려온 소크라테스는 사형의 집행만을 기다리게 되었어요. 그러나 마침 그날은 아테네에서 아폴론 신에게 제사를 지내기 위한 배가 델로스로 떠나는 날이었어요. 델로스로 신성한 배를 보내는 기간에는 형을 집행하지 않기 때문에 그의 사형은 한 달 뒤로 미뤄졌답니다.

한 달이란 기간 동안 그에게는 도망칠 수 있는 기회가 얼마든지 있었어요. 소크라테스가 고개만 끄덕인다면 그를 도와 바로 도망가게 해

줄 친구들도 한둘이 아니었지요. 그러나 그는 끝내 나가지 않겠다고 고집했답니다.

"나는 아테네의 시민으로서 반드시 법률을 지켜야만 하네. 법률은 불공평한 방식으로 나의 죄를 물었지만, 그렇다고 해서 나까지 법률에 반항할 수는 없지 않나."

소크라테스가 감옥에 갇혀 있던 한 달 동안 수많은 친구와 제자들이 매일 같이 그를 찾아왔어요. 그들은 소크라테스와 즐겁게 이야기를 나누다가도 결국에는 울음을 터뜨리고 말았죠. 소크라테스는 머지않아 이 세상을 떠나야 했으니까요. 그때, 소크라테스가 오히려 그들을 위로하며 말했어요.

"자네들은 죽음이 두려운가?"

그러자 제자들이 가르침을 구했어요.

"죽음이란 무엇입니까? 스승님께서는 어찌 죽음을 두려워하지 않으십니까?"

소크라테스는 이렇게 대답했어요.

"죽음에는 두 가지 상황이 있네. 첫 번째, 죽음이란 꿈을 꾸지 않을 뿐 긴 잠에 드는 것으로 이는 매우 얻기 힘든 기회일세. 두 번째, 죽음이란 앞선 선인들이 사는 세계로 떠나는 것이라네. 그러니 나는 죽으면 이 세계를 찾아가 수많은 현철(賢哲, 현명하고 재주와 지혜가 뛰어나며 사려 깊은 사람)을 만나게 되겠지. 이 얼마나 좋은 일인가!"

소크라테스는 이렇게 주장했어요. "영혼과 육체가 이 세상에 함께 살 때 인간은 병이 들어 있는 것과 같다. 그러나 육체의 죽음으로 우리의 영혼은 치유를 얻게 된다."

소크라테스의 설명에 따르면 죽음이란 전혀 두려운 존재가 아닌 것처럼 보입니다. 죽음의 때가 이르러 소크라테스는 반드시 독주를 마시고 세상을 떠나야 했어요. 그는 감옥을 지키는 사람에게 독주를 마시면 어찌되는지 물어보고 마음의 준비를 단단히 했어요. 감옥을 지키던 이는 놀라지 않을 수 없었지요. 대개 죽음을 앞둔 사람들은 남을 원망하거나 저주를 퍼부을 뿐 그처럼 평온한 모습은 보지 못했거든요.

"아스클레피오스(Asklepius, 그리스 신화에 나오는 의술의 신)에게 내 대신 닭 한 마리를 바치게나."

소크라테스는 친구에게 이런 당부를 남긴 뒤 독이 든 술을 마시고 세상을 떠났어요.

고대 그리스에는 오랫동안 병을 앓던 사람이 건강을 회복하면 반드시 아스클레피오스에게 닭 한 마리를 바쳐야 한다는 전설이 있었답니다. 소크라테스는 자신의 죽음을 치유라고 생각했던 거예요. 다시 말해 영혼과 육체가 이 세상에 함께 살 때 인간은 병이 들어 있는 것과 같지만 육체의 죽음을 통해 영혼은 치유를 얻게 된다는 것이지요. 그는 우리의 인생이 죽음을 준비하고 연습하는 과정이라고 생각했던 것이에요. 죽음은 비록 육체를 가져가지만 우리의 영혼은 세상의 근심과 수많은 욕망에서 벗어나 진정한 자유를 얻게 되는 것이지요.

소크라테스가 죽음을 맞이하던 순간, 그의 친구들은 모두 울음을 터뜨렸어요. 그의 절친한 친구였던 크리톤(Criton)은 흐르는 눈물을 참지 못하고 자리를 떠났지요. 다른 사람들도 모두 눈물을 흘렸고, 그곳은 온통 울음바다가 되고 말았답니다.

소크라테스는 비극적인 운명을 받아들였어요. 그는 단지 끊임없이 생각하는 것을 즐기며 사람들을 위해 좋은 일을 했을 뿐인데도 유죄를 선고받았어요. 그러나 그는 자신의 마지막 행동을 통해 같은 시대의 사람들 가운데 그가 가장 용감하고 정직한 사람이란 사실을 증명해냈답니다. 죽음을 눈앞에 둔 소크라테스의 말 한 마디는 친구들에게 깊은 깨달음을 던져주었어요.

"자네들이 땅에 묻는 건 그저 나의 육체일 뿐일세. 앞으로는 예전처럼 자네들이 알던 가장 선한 방식으로 생활하게나. 사실 깨달음만 얻는다면 죽음은 하나도 두려운 게 아니라네."

두 번째 이야기

# 영원한
# 수수께끼

중국 5대 거장 중 하나로 손꼽히는 중국 현대주의 작가 바진(巴金,
1904~2005)은 이렇게 말했어요.

"스핑크스의 수수께끼처럼 내 눈앞에서 영원히 걷어낼 수 없는 한
단어가 있는데 그것이 바로 '죽음'이다."

인간의 죽음은 실제로 가장 풀기 어려운 수수께끼 가운데 하나예요.
이는 우리가 알아맞히기 힘든 수수께끼일 뿐만 아니라 영원히 풀 수 없
는 수수께끼이지요. 아주 오래 전부터 수많은 철학자들이 이 수수께끼
를 풀기 위해 노력해 왔어요.

그런 의미에서 중국 고대의 사상가 장자의 삶과 죽음에 관한 이해는
시간을 들여 음미해볼 가치가 있답니다. 장자는 삶과 죽음을 하나의 꿈
에 비유했지요.

"장자가 꿈에 나비가 되어 훨훨 날아다니고 있었다. 마음대로 이곳저곳을 날던 그는 어느 순간 장주(莊周)가 되어 있는 게 아닌가. 과연 장주가 나비가 되는 꿈을 꾼 것일까? 아니면 나비가 장주가 되는 꿈을 꾼 것일까? 장주와 나비가 분간이 되지 않으니 이것이야말로 물화(物化)가 아닌가."

여기서 장주는 장자의 본명이에요. 이 이야기를 쉽게 해석하면 다음과 같아요.

"장자가 꿈속에서 나비로 변신한 자신을 보았다. 그는 쉬지 않고 자유롭게 날았다. 그러나 나비는 자신이 장자가 변한 것인지, 또 다른 장자가 있는 것인지 알 수 없었다. 잠시 후, 잠에서 깬 장자는 자신이 나비가 아닌 장자임을 발견했다. 한순간, 그는 정신이 아득해졌다. 이는 장자가 꿈속에서 나비로 변한 것일까? 아니면 나비가 꿈속에서 장자로 변한 것일까?"

장자는 이 이야기를 통해 삶과 죽음 사이에는 특별한 경계가 없음을 알려주려 했어요. 삶과 죽음은 서로 변화할 수 있는 것으로 삶이 죽음이 될 수도, 죽음이 삶이 될 수도 있는 것이에요. 사람이 살아있을 때는 당연히 죽은 뒤 어떻게 될지 알 수 없지요. 마찬가지로 사람은 죽고 나면 살아서 어떻게 될지 알 수 없어요. 사람들 대부분은 이 생사의 도리에 대해 잘 알지 못하기에 죽음을 두려워하는 것이에요. 마치 삶만이 유일한 진실이며, 죽은 뒤에는 아무것도 존재하지 않을 것처럼 느껴진

장자는 삶과 죽음 모두 한낱 꿈에 불과하다고 생각했어요.

답니다.

  그러나 장자는 삶과 죽음 모두 한낱 꿈에 불과하다고 생각했어요. 삶도 죽음도 꿈을 꾸고 있는 것이라고요. 삶이 지금 꾸고 있는 꿈이라면, 죽음은 꿈속의 꿈인 셈이지요. 만약 삶과 죽음이 모두 꿈이라면 그 둘을 나눌 필요가 있을까요? 장자와 나비 둘 가운데 어느 것이 진짜이고, 어느 것이 가짜인지 구분할 필요가 있을까요?

  장자는 사람이 삶과 죽음을 두고 고민하는 것은 삶과 죽음을 잘못 이해하고 있기 때문이라고 주장했어요. 만약 사람들이 이런 잘못된 이해를 거두고 다른 시선으로 삶과 죽음을 바라본다면 아무것도 고민할 것이 없지요. 보통 사람들은 죽음을 생명의 끝이라고 여기며, 생명을 가지면 모든 것을 가진 것이고, 생명을 잃으면 모든 것을 잃은 것이라 생각해요. 바로 여기에서 삶을 탐하고 죽음을 두려워하며, 삶은 좋은 것이고 죽음은 나쁜 것이란 관념이 생겨난 것이에요. 장자는 이런 견해가 잘못되었다고 지적했어요. 만약 우리가 생사의 대립을 뛰어넘어 삶과 죽음을 하나로 생각할 수 있다면 삶과 죽음에 대한 상황은 금세 다른 양상을 띠게 되겠지요.

  《장자》〈지락(至樂)〉편을 살펴보면 장자는 아내가 죽은 뒤 대야를 두드리며 노래를 불렀다고 해요. 장자의 절친한 친구 혜시(惠施, BC 370경~BC 309경)가 문상을 하러 왔다가 장자의 모습을 보고 깜짝 놀라고 말았어요. 장자가 다리를 벌린 채 땅바닥에 앉아 대야를 두드리며 노래를 부르고 있었으니까요. 도무지 그 상황을 이해할 수 없던 혜시는 장자를 탓하듯 말했어요.

  "자네와 아내가 함께 한 것이 수십 년이네. 아내는 자네에게 자식을 낳아주었고 함께 나이를 먹었지. 그녀는 지금 떠나고 없네. 자네가 울지 않는 것이야 자네 마음이지만 대야를 두드리며 노래를 하는 것은 너무하지 않은가!"

그러자 장자가 이렇게 대답했지요.

"자네가 생각하는 그런 게 아닐세. 아내가 막 죽었을 때는 나도 무척이나 슬펐지. 그러나 가만히 생각해보니 아내는 본래 생명도, 형체도, 형체를 모으는 기(氣)도 없는 존재가 아니었나! 유와 무 사이에 변화가 생겨 기가 생겨나고, 기가 변화해 형체가 되고, 형체가 변하여 생명이 된 것이지. 지금 그 생명이 또 변해서 죽음이 된 것이고. 이런 변화는 마치 봄여름가을겨울의 사계절이 변화하는 것처럼 자연스러운 일이란 말일세. 아내가 이런 변화에 따라 천지라는 넓은 집에 누워 잠을 자는 것뿐인데 내가 지금 여기서 운다면 자연의 이치를 모르는 것이 아닌가! 그런 연유로 내가 울지 않는 것일세."

하지만 혜시는 장자의 이런 행동을 이해해지 못했어요. 그는 사람과 남편, 삶의 입장에서 인간의 죽음을 보았으니까요. 그에게 죽음이란 일종의 불행이며, 산 사람은 반드시 죽은 이를 위해 슬퍼하는 것이 마땅했답니다. 그러나 장자는 자연의 입장에서 죽음을 보았고, 삶과 죽음은 변화의 과정에 불과하다고 생각했지요. 인간에게 기가 없던 상태에서 기가 생기고, 형태가 없던 것에서 형태가 생기고, 생명이 없던 것에서 생명이 생기고, 또 생명에서 죽음이 생겨나는 이런 변화는 사계절의 변화와 같은 것이에요. 봄이 가면 여름이 오고, 여름이 가면, 가을이 오는 것처럼 말이지요. 이런 변화에 대해 우리는 기쁘게 순응하고 받아

들여야 하며, 슬퍼할 필요가 없어요.

장자의 임종에 즈음하여 제자들이 그의 장례식을 성대히 치르려고 의논하고 있었어요. 이것을 들은 장자는 말했어요.

"나는 천지로 관을 삼고 해와 달로 벽을 삼으며 하늘의 별로 구슬을 삼는다. 만물이 조상객(弔喪客)이니 모든 것이 다 마련되었다. 무엇이 더 필요한가?"

제자들이 깜짝 놀라 매장을 소홀히 하면 까마귀와 솔개의 밥이 될 수 있다고 걱정하자 장자는 다음과 같이 말했어요.

"땅 위에 있으면 까마귀와 솔개의 밥이 되고, 땅속에 있으면 땅속의 벌레와 개미의 밥이 된다. 까마귀와 솔개의 밥을 빼앗아 땅속의 벌레와 개미에게 준다는 것은 공평하지 않다."

인간은 넓은 우주 속에서 기(氣)의 운동이 변화하는 것으로 스스로 어디서 와서 어디로 가는지도 알지 못해요. 더욱이 어느 한 곳에서 영원히 변화하지 않는다는 것은 불가능하지요. 사람이 할 수 있는 유일한 일은 이런 변화에 순응하는 것이에요. 삶은 그 삶에 순응하고, 죽음은 그 죽음에 순응하는 것이지요. 죽음은 자연으로 돌아가는 것으로 일상적인 생활 가운데 하나에 불과해요.

# 두려움보다
# 더 큰 매력

미국영화 《애수》를 본 적이 있나요? 제1차 세계대전을 배경으로 명문가의 청년 장교와 무용수의 비극적인 사랑과 이별을 그린 흑백영화로 로버트 테일러와 비비안 리가 주연을 맡았지요. 원제는 《Waterloo Bridge》이고, 1940년도 작이에요.

이 영화를 본 사람이라면 여주인공 마이라가 사랑하는 사람을 위해 자살하는 장면을 보고 모두 눈물을 흘렸을 거예요.

남자 주인공 로이가 전사했다는 소식을 접한 마이라는 실의에 빠져 아무렇게나 살다가 거리의 여자가 되고 말아요. 그러나 죽은 줄만 알았던 로이가 살아 돌아오고, 다시 만난 두 연인에게는 행복할 일만 남은 것 같았지요.

그러나 연인을 되찾았다는 행복을 채 누리기도 전에 그녀는 자살을 선택하고 말아요. 그녀는 감당할 수 없는 현실(한때 거리의 여자였다는 신

분)과 이상(로이의 고결하고 순수한 아내) 사이의 격차를 뼈저리게 느낀 것
이에요. 그녀는 스스로 자살을 선택함으로써 로이에 대한 자신의 사랑
을 증명하고, 자신의 과거에 대해 속죄하려 한 것이지요. 사랑이라는
신념을 위해 소중한 목숨을 포기한 것이에요. 이런 죽음의 비극은 사랑
의 굴곡과 시련에 대해 느끼게 해요.

또 다른 미국 영화 《타이타닉(Titanic)》에서 생사의 고비에 놓인 사랑
이야기 역시 수많은 사람들의 마음을 감동시켰어요. 1912년의 타이타
닉호 침몰 사건을 배경으로 신분의 차이에도 불구하고 사랑을 이루어
가는 두 남녀의 이야기를 그린 영화였지요.

한 번뿐인 인생, 생명은 얼마나 고귀한 것인가요? 그러나 남자 주인
공은 사랑하는 여자를 위해 자신의 목숨을 희생해요. 그는 비록 세상을
떠났지만 이런 비장한 사랑이야기는 모든 사람의 심금을 울려요. 사랑
은 영원하며, 삶과 사랑의 의미는 무엇인지 그의 죽음을 통해 깨달을

수 있으니까요.

이 두 이야기는 아름답고 사람을 감동시킬 뿐만 아니라 죽음에 대처하는 두 가지 자세를 보여주고 있어요. 사랑을 위해 죽는 것은 생명의 정신을 구현한 것이에요. 실제로 죽음을 선택한 태도는 생명에 대한 사람들의 이해를 암시해요. 독일의 철학자 쇼펜하우어는 인생을 고통이라고 보았으며, 죽음은 그 고통에서 벗어나는 것이라고 주장했답니다.

쇼펜하우어는 죽음을 통해 생명의 고통에서 도망갈 수 있다고 생각했어요. 그에게 삶의 고통을 직면할 용기가 없었다는 사실 자체가 어쩌면 진정한 비극일 거예요. 쇼펜하우어의 비관적인 인생 철학은 니체의 사상 속에서 새롭게 태어나게 됩니다.

독일의 철학자 니체는 생명의 비극에 맞서서 용감하게 삶을 선택하고, 낙관적으로 죽음을 대면해야 한다고 요구했어요. 인생의 고난과 죽음에 관한 한 니체 역시 깊은 깨달음을 갖고 있었어요.

그에게 인생은 비극이었으며, 그의 생명은 '두렵고 연속되는 고통' 속에 빠져 있었답니다. 깊고 깊은 고독 속에 그의 친구들은 모두 떠나갔고, 경탄해마지 않던 음악가이자 친구였던 바그너(Wilhelm Richard Wagner, 1813~1883, 독일의 작곡가) 역시 그와 결별하게 되었지요. 심지어 어머니와 여동생도 그의 사상과 행동을 이해하지 못했답니다.

그의 철학 역시 제대로 인정받지 못했어요. 그가 살아있을 때 그의 작품의 총 판매량은 2천 권을 넘지 못했는데, 대부분의 책이 수백 권도 팔리지 않았답니다. 그는 평소 얼마 되지 않는 퇴직금과 고모에게서 물려받은 증권을 가지고 생계를 유지했어요. 그는 가장 싸구려 하숙집에서 살았고, 종종 방세와 난방비를 제때 내지 못했으며, 자신이 좋아하는 햄과 소시지도 사먹지 못할 정도로 가난에 시달렸어요. 그래서 그의 건강은 하루가 다르게 나빠졌지요. 학생시절부터 병을 달고 살았던 니체는 소화불량으로 고생했으며, 눈은 거의 보이지 않았고 불면증으로 잠도 제대로 잘 수 없었답니다.

니체가 세상을 떠나기 전 몇 년 동안 그의 생활은 고행하는 승려나 다름없는 험난한 상황이었어요. 결국 1889년 1월, 그는 이탈리아 토리노의 카를로 알베르토 거리에서 졸도해 쓰러졌어요. 하숙집으로 실려온 니체는 그곳에서 독일황제를 암살할 계획과 반유태주의 전쟁을 벌일 계획을 짭니다. 그는 갈수록 자신이 디오니소스이며, 예수이고, 하느님이며, 나폴레옹이자, 볼테르이며, 바그너라고 확신하게 됩니다. 결국 기차에 억지로 태워진 니체는 독일의 한 정신병원에 입원하게 되지요. 그리고 어머니와 여동생의 보살핌을 받으며 11년을 더 살다가 쉰다섯 살의 나이로 세상을 떠났어요.


"신은 죽었다!"라고 니체가 선포했을 당시, 그의 인생은 쇼펜하우어보다 훨씬 더 비참하고 고독했어요. "나의 생활은 두렵고도 무거운 짐이다."라고 그 스스로 말했을 정도니까요.

그러나 이런 상황 속에서도 니체는 분연히 일어났어요. 니체에게 인생이란 고난과 고통이었지만 그렇다고 우리가 번민하는 사람이 될 필요는 없다고 생각했어요. 생명에 대한 사랑은 여전히 가능하며, 단지 '다른 방식'을 선택한 것에 불과하니까요. 즉, 사랑과 미움 사이에서

니체의 초인철학은 그의 독특한 생사관을 결정했어요. "생사를 초월해 인생의 고난을 극복하고, 적극적이고 낙관적인 사람이 되자."

사랑을 선택할 수도 있는 것이에요. 우리가 '의심이 가는 여자'를 사랑할 수 있는 것처럼 말이에요.

니체는 종종 인생을 미녀에 비유했어요.

"이 미녀에게는 꾸준한 마음이 없으며, 잘 길들여지지도 않는다. 그녀는 종종 약속을 하지만 스스로 약속을 깨기도 한다. 사람들은 그녀를 사랑하면서도 두려워한다. 그러나 그녀에게는 두려움보다 더 큰 매력이 있으며, 인생 역시 이와 마찬가지다."

생활은 무섭고도 무거운 짐이며 고통이에요. 그러나 우리는 여전히 자신의 신념을 포기할 수 없어요. 그래서 니체는 스스로 비관주의자가 되길 거부하고, 고통을 뛰어넘어 생명을 사랑하고 찬미했어요. 그는 '생명을 온몸으로 느끼며 변호하는 사람'이 될 것을 자처했답니다.

죽음에 대한 니체의 입장은 그의 초인 철학에 잘 드러나 있어요. 그는 자신의 저서인 《차라투스트라는 이렇게 말했다(Also sprach Zarathustra)》에 이런 글을 남겼어요.

차라투스트라는 산봉우리에 올라 눈부시게 빛나는 태양을 향해 물었다.

"태양이여, 태양이여! 만약 당신이 인류를 비추지 않는다면 그 위대함은 어디에서 오겠는가? 만약 당신이 따뜻하게 대지를 감싸지 않는다면 그 빛은 어디에서 오겠는가?"

이는 '초인'의 특징을 잘 설명해주는 이야기로 초인은 인간의 정신을 향상시키고 최고의 상태에 오르게 하는 동시에, 세상 사람들을 동정하고 타인에게 관심을 갖는다는 사실을 보여줍니다. 니체의 초인철학은 그의 독특한 생사관을 결정했어요.

"생사를 초월해 인생의 고난을 극복하고, 적극적이고 낙관적인 사람이 되자."

초인은 죽음 앞에서 가슴 아파하거나, 생명의 심연에 대해 고개를 돌리지 않아요. 초인은 생존의 숙명에 맞설 줄 압니다. 그는 생기가 있고, 정력이 왕성하며, 긍지를 갖고 살아가니까요. 초인은 생명 이외의 것에 대해 연연하지 않으며, 생명을 존중하고, 땅 위에 있는 모든 것에 감사할 줄 압니다. 또한 초인은 끊임없이 새로운 생활을 창조해내지요.

니체는 용감하게 죽음에 맞선 소크라테스의 정신을 높이 샀지만, 소크라테스가 용감할 수 있었던 이유인 '생명의 고통'에 대해서는 반대했어요. 그는 소크라테스를 이렇게 비평했지요.

"소크라테스처럼 활달하고 영웅적인 병사와 같은 사람도 드물 것이다. 그러나 그는 분명 비관주의자였다."

니체는 세상 사람들에게 호소했어요.

"반드시 그리스인을 뛰어넘어야 한다!"

이는 소크라테스의 철학을 뛰어넘어 살기 위해 있는 힘을 다해 싸우려고 노력하는 본능적인 의지와 창조 정신을 새롭게 구현해야 한다는 뜻이에요.

니체는 창조 정신으로 우리의 인생을 충만케 할 때 인생에서 성공할수 있고, 성공적인 죽음에 이르게 된다고 보았답니다. 우리가 죽음에 이르렀을 때, 우리의 정신과 도덕으로 세계를 노을처럼 널리 비춰줄 수 있다면 우리는 성공적인 죽음을 맞게 되는 것이지요.

# 죽음에 대처하는 방법

우리는 일상생활 속에서 종종 자신은 죽음과 관련이 없다고 생각하며 죽음이라는 사실에 대해 그다지 마음을 쓰지 않아요. 특히 혈기 왕성한 젊은 시절에는 늙고 쇠퇴하는 고통에 대해 잘 모르며, 병이 들어 고통받는 것도 남의 이야기처럼 느껴지지요. 가족 가운데 누군가 죽었다든지, 시체가 널려 있는 전쟁터에 서 있다든지, 스스로 백혈병에 걸렸다든지 하는 등의 특정한 상황에 놓여야만 사람은 죽음의 위협에 대해 철저히 깨닫게 됩니다. 그리고 본능적으로 죽음을 거부하게 되지요.

어떤 사람들은 죽음은 꽃이 피고 지듯 봄이 가고 겨울이 오는 것과 같으므로 심각하게 생각하거나 인식할 필요가 없다고 주장해요. 그러나 대체 죽음이란 어떻게 진행되는 것일까요? 누구도 이에 대해서는 정확한 답을 내놓을 수가 없답니다. 죽음에 대해 이야기하는 사람 가운데 누구도 죽음을 직접 경험해보지 않았으며, 일단 자신이 직접 죽는 순간에는 아무 말도 할 수 없으니까요. 죽음은 그 느낌을 말할 수 있는 기회조차 가져가 버려요. 자살을 선택하는 사람들도 있긴 하지만 대부분의 사람들은 누구나 오래오래 살고 싶어 해요. 하지만 정상적인 상황이라면 누구도 늙고 쇠약해지는 결말을 피할 수 없어요.

어느 전설에 의하면 우주가 처음 생겨났을 당시에는 하늘과 땅이 굉장히 멀리 떨어져 있었다고 해요. 창조자와 인류 사이의 거리도 무척 멀었지요. 덕분에 창조자는 밧줄에 자신의 선물을 묶어 내려 인류에게 전달할 수밖에 없었답니다. 한번은 창조자가 돌을 묶어 내려 보냈는데 인류의 조상들이 필요 없다며 소리를 질렀어요.

"이런 돌을 가지고 뭘 하라는 겁니까? 우리에게 다른 걸 주십시오!"

창조자는 사람들의 뜻에 따라 돌멩이를 거두어 가고 대신 바나나를 묶어서 내려 보냈어요. 인류의 조상들은 무척 기뻐하며 바나나를 받아 들었지요. 그때, 저 멀리서 하늘의 음성이 들려왔어요.

"너희들이 바나나를 선택했기 때문에 너희의 생명은 바나나처럼 될 것이다. 바나나 나무에 잎이 나오면 줄기가 죽는 것처럼, 너희가 죽으

면 너희의 아이들이 그 자리를 대신할 것이다. 만약 너희가 돌을 선택했다면 너희의 생명도 돌처럼 영원히 썩지 아니하였을 텐데 안타깝게도 너희는 돌을 고르지 않았구나."

이 이야기는 돌과 바나나를 통해 인간의 삶에 대한 갈망과 죽음에 대한 도피를 절묘하게 비유하고 있어요. 영원한 생명을 추구하는 것은 인류가 갈망하는 이상이에요. 그러나 죽음은 그 모든 것을 산산이 부숴 버렸지요. 죽음은 인간의 생명에 넘지 못할 경계를 만들어 주었어요. 살아있는 사람은 자신도 언젠가 늙고 또 죽음을 맞게 될 것임을 분명히 인식해야 해요. 이 세상의 진리는 누구도 피해갈 수 없는 것으로 불로장생을 꿈꾸는 사람 역시 언젠가는 죽어야 해요.

그렇다면 우리는 어떻게 죽음을 맞이해야 할까요? 이에 대한 사람들의 견해는 각양각색이에요.

영국의 논리학자이자 철학자이며 수학자이자 사회사상가인 버트런드 러셀(Bertrand Arthur William Russell, 1872~1970)은 19세기 전반에 비롯된 기호논리학의 전사(前史)를 집대성했으며, 철학자로서는 그 경력이 길고 다룬 주제가 다양할 뿐 아니라 입장도 다양하게 변천했던 사람이에요.

그는 평생 동안 '어떻게 하면 늙지 않을 수 있을까?'라는 문제를 두고 고민했어요. 그는 장수라는 목적에 도달하기 위해서는 죽음을 두려워하면 안 된다고 주장했어요. 또한 죽음의 공포를 극복하기 위한 가장 좋은 방법은 자신의 관심 범위를 넓혀 스스로 점차 무아(無我, 자신을 망각함)의 경지에 이르러 자신을 둘러싼 벽들을 하나씩 무너뜨리는 것이라고 말했어요.

이런 경지에 오르면 사람은 자신이 관심을 갖고 좋아하는 일을 영원히 지속하며 발전시킬 수 있게 되고, 인류 사회생활의 한 부분이 되게 되지요. 이런 정신적 경지를 유지할 경우 사람은 죽음에 대한 공포에서 벗어나 일에 열중하는 가운데 자신도 모르는 사이에 죽음을 맞이하게 됩니다. 이런 죽음은 전혀 고통이 없는데다 자연의 이치에 부합되며 의미가 있는 죽음이에요.

러셀의 이런 주장은 문학적인 정취가 강하게 느껴집니다. 반면 독일의 철학자 하이데거는 실존주의철학에서 출발해 상당히 독특한 죽음에 대한 학설을 제기했어요. 죽음에 대한 그의 이해는 철학사에서도 손에 꼽힐 정도지요. 하이데거는 인간의 출생이 완전히 우연이라고 주장해요. 모든 사람의 출생은 이 세상에 던져진 것이나 다름없으니까 말이에요. 그러므로 인간의 죽음 역시 완전히 우연에 불과해요. 어느 날 병이 들거나 재앙을 만나 갑자기 죽음을 맞이하고, 세상 밖으로 던져지는 것이지요.

사실 인생관이란 죽음에 대한 생각이라 해도 상관이 없어요. 사람은 용감하게 죽음에 맞서 자신의 책임을 다해야 해요. 하이데거는 죽음의 진정한 의미를 알아야만 삶의 진정한 의미도 알 수 있다고 보았어요. 다시 말해 죽음을 고민하고 이해해야 인생의 의미도 깨닫게 되는 것이지요.

사람은 누구나 한 번은 죽으며, 죽음은 누구도 피해갈 수 없는 현실이에요. 이는 인간 존재의 유한성을 보여주는 것이지요. 죽음이야말로 인간이 존재할 수 있는 극단인 것이에요.

하이데거는 인간의 출생이 완전히 우연이라고 주장해요. 그러므로 인간의 죽음 역시 완전히 우연에 불과
해요.

이를 통해 알 수 있듯이 사람과 시간은 밀접한 관련을 맺고 있어요. 사람은 시간 속에 살고, 시간은 인간 존재의 조건이 됩니다. 인생을 일 컬어 '세상에 산다.'라고 하는 것은 '인생이 시간 속에 있다.'는 뜻이 지만 죽음은 엄밀히 말해 '세상을 떠나는 것'이 아니라 단지 생명이 '끝'나는 것에 불과해요. 사람이 죽으면 그의 육체는 다른 형식으로 변 화하기 때문이지요.

보다 중요한 것은 사람은 죽은 뒤에도 그가 남긴 물건들과 언행, 사 상으로 다른 사람의 마음속에 또한 세상에 존재한다는 사실입니다. 이 를테면 중국의 유명한 작가 루쉰(魯迅, 1881~1936. 《광인일기》, 《아큐정전(阿 Q正傳)》등을 쓴 중국 문학가 겸 사상가) 같은 사람은 이미 세상을 떠났지만 아직도 많은 사람들이 그의 작품을 읽고 그의 정신을 기억하지요. 이런 의미에서 루쉰은 여전히 살아있는 것입니다.

사람은 죽음을 피할 수 없기에 우리는 이 세상에 잠시 머무는 존재 일 뿐입니다. 그러나 사람들은 다양한 방식으로 죽음이라는 현실을 덮 어보려고 노력합니다. 사람들은 흔히 이렇게 이야기하죠.

"사람은 누구나 한 번은 죽는다. 그러나 나는 아직 죽음과 마주치지 않았다."

보통 사람들은 바로 이 '그러나'라는 단어를 들어 죽음의 필연적인 가능성을 부인합니다. 여기에는 죽음을 두려워하는 정서와 자신에게 만은 죽음이 찾아오지 않기를 바라는 요행심리가 담겨져 있습니다.

죽음이란 어찌 보면 하나의 가능성일 뿐 현실성을 가리키는 것은 아 닙니다. 어차피 죽음은 아직 실현되지 않은 일이니까요. 일단 죽음이 현실이 된다면 인간은 존재하지 않게 됩니다. 그렇기 때문에 인간의 죽음 아직 실현되지 않은 가능성의 죽음이라 할 수 있습니다. 인간에게 죽음은 의심할 여지가 없는 확실한 일입니다. 그러나 언제 어떤 방식으로 죽을 것인지는 모두 불명확합니다. 일상적인 경험으로 판단하자면 우리는 모두 죽지만, 언제 죽을 것인지는 아무도 예측할 수 없지요.

하이데거는 죽음에 대해 논하면서 죽음과 인간 생존의 관계를 강조했어요. 모든 사람에게 죽음은 자기 자신의 일일 뿐이며 누구도 대신해줄 수 없고, 타인과 세계는 아무 관계가 없기에 죽음의 체험은 다른 사람에게 전해줄 수 없어요. '죽음은 언제나 자신의 죽음이다.' 사람은 각자 죽는 것이며 누구도 대신할 수 없어요. 그러므로 사람이 죽음을 이해하게 되면 스스로 사람들과 구별되어 자기 존재의 의미 즉, 고독의 존재를 진정으로 깨닫게 됩니다.

평소 우리는 다양한 방식으로 고독에서 벗어나려 합니다. 부모의 관심과 친구들의 우정, 연인의 사랑, 지기들의 도움이 있기에 우리는 외롭다고 느끼지 않습니다. 그러나 죽음 앞에서는 피할 수 없는 고독을 느끼게 되지요. 어느 누구도 우리의 죽음을 대신할 수는 없으니까요. 많은 어려움을 만났을 때는 가족과 친구들이 걱정을 함께 나누고 나를 대신해 도움을 주기도 합니다. 그러나 내가 죽을병에 걸려 병상에 눕게 되면 친구나 가족이 나를 위로해 줄 순 있어도, 대신 죽어줄 수는 없는 것이지요.

사람은 죽음 앞에서 비로소 진정한 존재의 고독을 깨닫게 됩니다. 당신의 생명은 누구도 대신해줄 수 없으며 스스로 대면해야 하는 것이랍니다.

사실 사람이 살아있을 때 가장 두려워하는 일 중의 하나가 바로 죽

죽음은 인간이 '세상을 떠나는 것'이 아니라 단지 생명이 '끝'나는 것에 불과해요. 사람이 죽으면 그의 육체는 다른 형식으로 변화하기 때문이지요.

음을 직면하는 것입니다. 그러나 죽음의 의미를 깨닫고 죽음의 신과 마주하게 되면, 명예와 지위, 재물과 같은 세상의 모든 속박에서 벗어날 수 있어요. 세상의 모든 것이 '무(無)'의 경지에 이르게 되는 것이지요. 하이데거는 '죽음을 향해 가는 삶'이란 말로 이 깨달음의 상태를 설명했어요.

하이데거는 우리가 죽음을 논하는 것은 곧 삶을 논하는 것이라 여겼어요. 그는 "죽음은 허무의 신전이다."라고 말했어요. '허무'란 아무것도 없다는 것을 뜻하지요. 이 말은 허무에 대한 죽음의 의미를 설명하고 있어요. 사람은 죽음과 그 진리에 대해 깊이 깨달아야만 흔히 사람들이 꿈꾸는 환상과 세상의 여러 혼란에서 벗어날 수 있어요. 그때 사람의 본질적인 모습이 드러나게 되는데 그것이 바로 인생의 유한성과 독특성이에요. 우리 생명의 시작과 끝은 자신의 선택이 아니지만 짧은 생명이란 과정 속에서 여전히 우리가 힘을 발휘할 공간은 남아 있어요. 그것이 바로 자신의 인생길을 선택할 수 있는 자유랍니다.

죽음을 수양하는 것은 곧 생명을 수양하기 위함이에요. 또한 죽음을 이해하는 것은 생명을 이해하기 위함이에요. 죽음에 맞서는 것은 우리 생활의 매 순간을 소중히 여기기 위함이지요. 사람에게 죽음이 있기에 우리는 생명을 더 귀중하게 여길 수 있어요.

2017. 09.